MORALE DES SAGES
DE TOUS LES PAYS
ET DE TOUS LES SIÈCLES,

OU

COLLECTION ÉPURÉE

DES

MORALISTES ANCIENS ET MODERNES;

PAR J. B. CHEMIN.

Ouvrage dédié aux familles vertueuses, et à toutes les institutions qui ont pour objet l'enseignement de la morale.

La morale profite plus quand elle s'insinue par pensées détachées. Les discours d'appareil font plus de bruit et moins d'effet. (*Sénèque.*)

SECONDE ÉDITION.

A PARIS,

Chez l'Auteur, Pont Michel, au coin de la rue Louis.

An VII.

Je mets cet ouvrage sous la protection des Lois & sous la sauvegarde de la probité des Citoyens. Je poursuivrai devant les tribunaux, conformément à la loi, tout Contrefacteur ou Débitant d'édition contrefaite.

Chenier

INTRODUCTION.

On a commencé une *collection de Moralistes*, précieuse comme monument historique, mais non comme livre de morale ; car elle présente l'erreur à côté de la vérité, et d'ailleurs elle est trop volumineuse pour être un livre de famille.

J'ai réuni dans un cadre étroit beaucoup de moralistes qu'on ne trouve pas dans cette collection. Je crois n'avoir recueilli que des maximes pures, des maximes propres à faire le bonheur de l'homme, sans rien exiger de lui qui soit au-dessus de ses forces.

J'ai peut-être élevé un beau monument à la morale. Il prouvera qu'elle est une, qu'elle est éternelle. En effet, si la raison gémit des absurdités auxquelles les différentes sectes ont entraîné l'esprit humain, c'est pour elle un spectacle bien consolant de voir toutes ces sectes rendre hommage à la morale universelle, et leurs chefs même, malgré les erreurs qu'on peut leur reprocher, nous en transmettre purs les principes fondamentaux.

Cet ouvrage ne doit pas être parcouru d'un trait, comme un livre d'histoire. Il est divisé en courts chapitres, pour être lus pendant le cours de l'année, dans les familles et dans toutes les institutions où l'on s'occupe de morale. Puissent ceux qui le méditeront, s'attacher à des principes sur lesquels ont été d'accord tant d'hommes célèbres, et qui ont vécu dans des pays et dans des siècles si différens ! Puisse sur-tout le tableau de cet accord rapprocher le moment qui, seul peut-être, commencera le bonheur du monde, celui de la tolérance universelle ! C'est particulièrement dans cette vue, que j'ai recueilli la *Morale des Sages*, de manière à pouvoir la présenter, non pas à un peuple, non pas à une secte, mais à toutes les sectes, à toutes les nations. Toutes y trouveront des noms qui leur sont chers ; et aucune, je crois, n'y trouvera de principes qu'elle puisse rejeter.

Je n'ai pas besoin de dire qu'il

ne faut pas considérer les premiers moralistes cités dans cet ouvrage, comme inventeurs de la morale. Elle est éternelle ; et l'homme, sortant des mains de la nature, en a trouvé dans son cœur les principes fondamentaux ; sa raison lui a appris à en étendre les conséquences, à mesure que les sociétés se sont formées et perfectionnées. Les préceptes écrits ont même de beaucoup précédé le Védam et la Bible. Il y avait avant ces ouvrages des livres indiens, égyptiens, qui ne sont pas parvenus jusqu'à nous.

On a vu par l'épigraphe l'opinion de Sénèque sur les maximes détachées. L'illustre Bacon, qui avait l'esprit très-méthodique, était

Introduction. ix

du même avis. Il dit que la morale n'est pas faite, pour recevoir la loi de la méthode, et que des maximes éparses et sans suite feront toujours plus d'effet sur le cœur, que l'arrangement le mieux combiné. Quoiqu'indépendamment de ces autorités respectables, j'aie plus d'une raison de préférer un bon choix de maximes détachées à un traité suivi de morale, je crois cependant qu'une série d'instructions simples, en forme de discours, sur les sujets les plus importans de cette science, serait utile sous plusieurs rapports ; et c'est ce que je me propose de faire. Ce sera comme un supplément à cet ouvrage. Autant qu'il me sera possible, je puiserai le fond de ces discours dans de bons écrits, particulièrement dans les modernes, dont je n'ai cité qu'un petit nombre dans ce volume, pour ne pas faire de répétitions inutiles, attendu que les anciens ont presque épuisé le genre sentencieux.

Ce livre contient la théorie de la morale : j'offrirai incessamment de beaux exemples de la pratique de ses lois, dans un autre ouvrage, qui sera intitulé : *Annales de la vertu*, ou *Choix de belles actions puisées dans l'histoire ancienne et moderne.*

MORALE DES SAGES
DE
TOUS LES PAYS
ET
DE TOUS LES SIÈCLES.

I.
PENSÉES MORALES
EXTRAITES DU VÉDAM. (1)

Lie-toi d'amitié avec tout ce qu'il y a d'hommes vertueux. Le commerce que tu auras avec eux servira à dissiper tes erreurs, et te donnera du goût pour la vérité.

Quels sont les hommes qu'on peut appeler vertueux ?

---

(1) Le Védam est le livre religieux des anciens peuples de l'Inde. Nous n'en connaissons pas l'auteur, ni l'époque où cet ouvrage a paru. Il remonte à la plus haute antiquité.

Ce sont ceux qui n'aiment que la vérité ; qui se font un devoir et un plaisir d'en instruire les autres ; qui, touchés de compassion sur le sort des malheureux et des ignorans, emploient tous les moyens et profitent de toutes les occasions de les soulager et de les instruire. Voilà ceux que tu dois fréquenter, et auxquels tu dois te lier d'amitié.

Ce ne sont pas des jeûnes, des pénitences, ni autres pratiques extérieures qui effacent le vice : c'est une bonne conduite.

Au lieu de te livrer à des pratiques extérieures, stériles et infructueuses, profite du peu de momens que tu as à ta disposition dans cette vie, pour pratiquer la vertu, le seul bien véritable.

Tu demandes comment Dieu, dont la bonté est l'essence, a pu créer le vice ?

Il ne peut en être l'auteur, lui qui

est la sagesse et la sainteté mêmes ; il ne le fut jamais que de la vertu. Il a mis dans nos cœurs sa loi qui nous prescrit ce que nous devons faire. Le vice est une transgression de cette loi ; s'il règne sur la terre, c'est nous-mêmes qui en sommes les auteurs.

Dieu n'a ni c... , ni figure ; lui seul est grand, et rien ne peut lui être comparé ; lui seul mérite exclusivement le nom de créateur. Le soleil, que des peuples ont divinisé, n'est qu'un corps ; il est dans les mains de Dieu, ce qu'est un flambeau dans les mains de l'homme ; créé par lui pour éclairer le monde, il obéit à sa voix, et répand par-tout la lumière.

Toi seul, grand Dieu, mérites l'hommage de toutes les créatures. Tu n'es point sujet au changement ; tu es l'ame par excellence, parce que tu donnes la vie à tout, et que tu la conserves ; tu es le principe de toutes choses, et tu es toi-même sans principe ; tu es le maître du monde, et tu n'as ni maître ni égal ; tu es le père de tous les hommes, mais tu n'as jamais eu ni père, ni naissance. Quoiqu'invisible de ta nature, tout publie ta puissance et ta grandeur. En communiquant aux hommes un rayon de cette lumière qui t'environne, tu dissipes leurs ténèbres et leur ignorance. Tu possèdes seul toutes les perfections et toutes les vertus.

Pénétrés de respect et de reconnaissance, nous te consacrons notre culte, nous t'adressons nos vœux. Reçois nos adorations et nos hommages : nous ne cesserons de te les offrir.

2.

PENSÉES MORALES

EXTRAITES

DES LIVRES HÉBREUX. (1)

CHAPITRE PREMIER.

Dieu est ton créateur et ton maître. Tu n'adoreras que lui.

Tu ne te feras point d'image ni en peinture, ni en sculpture pour l'adorer, ni pour lui rendre aucun culte.

Tu dresseras à Dieu un autel simple, et tu lui feras ton offrande.

As tu des enfans ? Instruis-les, et accoutume-les de bonne heure à faire le bien.

---

(1) On a donné le nom de *bible* à la collection de ces livres. Moyse, à qui l'on attribue les premiers, et qui donna aux Hébreux un code religieux et civil, vivait il y a environ 3400 ans,

Celui qui instruit ses enfans, y trouvera son bonheur et sa gloire.

L'enfant mal instruit est la honte de son père.

Honore ton père et ta mère, afin que tu sois heureux.

Pense aux douleurs que ta mère a souffertes lorsqu'elle te portait dans son sein, et qu'elle t'a mis au monde.

Soulage ton père et ta mère dans leur vieillesse, et ne les attriste pas durant leur vie.

Celui qui afflige son père et sa mère est infâme et malheureux.

Tu ne tueras pas.

Tu ne déroberas pas.

Tu ne commettras pas d'adultère.

Tu ne desireras pas la femme de ton prochain, ni sa maison, ni son serviteur, ni rien qui soit à lui.

Tu aimeras ton prochain comme toi-même.

Tu ne le calomnieras pas; et tu ne l'opprimeras point par la violence.

Tu ne seras ni un calomniateur public, ni un médisant secret.

Quand tu peux donner à un ami ce qu'il te demande, ne le remets pas au lendemain.

Ne trompe pas la confiance de ton ami.

Ne fais pas de procès à un homme sans sujet.

Celui qui est ami aime en tout tems; et l'amitié se connaît dans le malheur.

Lorsque tu verras le bœuf ou la brebis de ton frère égarés, tu ne passeras pas ton chemin; mais tu les ramèneras à ton frère, quand même il ne serait pas ton parent ni ton ami, quand même ce serait ton ennemi.

Si tu vois l'âne ou le bœuf de ton frère, même de celui qui te hait, tomber dans le chemin, tu ne passeras pas sans l'aider à le relever.

Pardonne à ton frère le mal qu'il t'a fait.

Tu ne chercheras pas à te venger, et

tu ne conserveras pas le souvenir de l'injure qui t'aura été faite.

Tu ne feras aucun tort à la veuve et à l'orphelin.

Si tu prêtes de l'argent à celui qui est pauvre, tu ne le prêteras pas comme un créancier impitoyable, et tu ne l'accableras pas d'usure.

Lorsque tu demanderas à ton frère quelque chose qu'il te doit, tu n'entreras pas dans sa maison pour emporter de force quelque gage ; mais il te donnera lui-même ce qu'il pourra.

S'il est pauvre, le vêtement qu'il t'aura donné en gage ne passera pas la nuit chez toi ; mais tu le lui rendras avant le coucher du soleil, afin qu'il se couvre de son vêtement pendant qu'il dort, et qu'il te bénisse.

3.
PENSÉES MORALES
EXTRAITES
DES LIVRES HÉBREUX.
CHAPITRE SECOND.

Tu ne refuseras pas à l'indigent ce que tu lui dois; mais tu lui donneras, le jour même, le prix de son travail, parce qu'il est pauvre, et qu'il n'a que cela pour vivre.

Ne méprise pas celui qui a faim, et ne diffère pas de donner à celui qui souffre.

Prête l'oreille au pauvre, et réponds-lui favorablement et avec douceur.

Fais du bien avec discernement.

Prête à ton frère quand il a besoin, et rends exactement ce qu'on t'a prêté.

Un peu de pain est la vie des pauvres: celui qui le leur ôte est un homme de sang.

Tu ne mentiras pas.

Tu ne porteras pas faux témoignage.

Tu ne suivras pas l'avis du plus grand nombre pour condamner le pauvre en faveur du riche.

Tu ne recevras pas de présens, parce qu'ils aveuglent les plus sages, et corrompent les plus justes.

Tu ne feras rien contre l'équité. Tu ne mettras aucune différence entre le pauvre et entre le riche, entre le faible et entre l'homme puissant, mais tu jugeras selon la justice.

Tu ne tromperas pas ton frère.

Ne fais rien contre l'équité, ni dans les jugemens, ni dans ce qui sert de règle, ni dans les poids, ni dans les mesures.

Lève-toi devant ceux qui ont les cheveux blancs; honore la personne du vieillard.

Tu ne parleras pas mal du sourd, et tu ne mettras rien devant l'aveugle qui puisse le faire tomber.

Tu ne feras point de peine à l'étranger.

Si un étranger habite parmi vous, qu'il y soit comme s'il était né dans votre pays ; aimez-le comme vous-mêmes.

On ne punira pas les enfans pour les pères, ni les pères pour les enfans.

Le coupable ne sera puni que pour le crime qu'il aura commis personnellement.

Si tu es diligent, ta moisson sera abondante, et l'indigence fuira loin de toi.

L'ouvrier sujet au vin ne deviendra jamais riche.

Le vin pris modérément est la joie du cœur ; le vin, bu avec excès, produit la colère et l'emportement, et attire de grands maux.

L'insomnie et les maladies sont le partage de l'homme intempérant.

Celui qui mange sobrement jouit ordinairement d'une bonne santé.

4.
PENSÉES MORALES
EXTRAITES
DES LIVRES HÉBREUX.
CHAPITRE TROISIEME.

Ne te laisse pas séduire par les artifices des femmes sans mœurs, et vis content avec celle que tu as choisie pour épouse.

Trois choses sont agréables à voir : des frères qui s'aiment ; des parens bien unis ; un mari et une femme qui s'accordent bien ensemble.

Celui qui a trouvé une femme vertueuse, a trouvé un grand bien et la source de son bonheur.

Elle est plus précieuse que l'or. Son mari met sa confiance en elle ; elle est attentive à son ménage ; elle est l'ornement de sa maison.

Son mari est heureux ; et elle lui fait passer en paix tous les jours de sa vie.

Peu de chose avec la joie vaut mieux que beaucoup de bien avec des querelles.

La bonne réputation vaut mieux que les grandes richesses ; l'amitié est plus estimable que l'or et l'argent.

L'homme colère excite des querelles ; celui qui est patient les appaise.

Il ne faut qu'une parole de douceur pour calmer la colère, et une parole dure pour exciter la fureur.

Ne va pas chercher ceux qui se disent magiciens, et garde-toi de les consulter. Leurs prédictions ne sont que vanité.

Celui qui s'attache à des visions, est comme celui qui embrasse l'ombre et qui poursuit le vent.

Les songes ne sont que l'effet de l'imagination.

Imite la résignation et la bienfaisance de ce bon vieillard qui, ayant été fait prisonnier de guerre, distribuait tous les jours aux compagnons de sa captivité ce qu'il pouvait avoir.

Il nourrissait ceux qui avaient faim,

et donnait des vêtemens à ceux qui n'en avaient pas.

Il recouvra la liberté, et revint dans sa patrie ; mais il lui arriva un autre malheur : il devint aveugle et hors d'état de travailler.

Sa femme allait tous les jours faire de la toile pour procurer à son mari et à elle même de quoi vivre ; elle apportait à la maison ce qu'elle pouvait gagner du travail de ses mains.

Ce vertueux patriarche, sentant la fin de sa vie approcher, appela son fils, et lui dit :

» Mon fils, écoute mes conseils, et
» mets-les dans ton cœur.

» Honore ta mère tous les jours de ta vie, en pensant à ce qu'elle a souffert, et à combien de dangers elle était exposée lorsqu'elle te portait dans son sein.

» Ne consens jamais à aucune mauvaise action.

» Sois charitable autant que tu le pourras.

» Si

» Si tu as beaucoup de bien, donne beaucoup pour soulager tes frères.

» Si tu as peu, donne de ce peu, et de bon cœur.

» Que l'orgueil ne dirige ni tes pensées, ni tes paroles, ni tes actions.

» Lorsqu'un homme aura travaillé pour toi, paye-lui aussi-tôt ce qui lui est dû pour son travail.

» Prends garde de faire jamais à un autre ce que tu serais fâché qu'on te fît.

» Demande toujours conseil à un homme sage.

» Sois tranquille, mon fils : il est vrai que nous sommes pauvres ; mais nous serons toujours assez riches, si nous sommes vertueux. »

5.
PENSÉES MORALES
DE ZOROASTRE (1).

Les hommes seront jugés suivant le bien et le mal qu'ils auront fait. Leurs actions seront pesées dans les balances de l'équité.

Qui est bienfaisant est véritablement homme.

Honore ton père et ta mère, si tu veux vivre heureux.

Marie-toi, autant que tu le pourras, dans ta jeunesse : ce monde n'est qu'un passage. Il faut que ton fils te suive, et

---

(1) Ces maximes sont tirées du *Zend Avesta*; recueil qui contient la doctrine que Zoroastre enseigna aux anciens Perses, aux Bactriens, aux Mèdes, etc. On ne sait pas précisément dans quel tems il vécut; on croit que ce fut il y a environ 2400 ans.

que la chaîne des êtres ne soit pas interrompue.

Quand tu seras dans le doute si une action est bonne ou mauvaise, ne la fais pas.

Que les grandes libéralités ne soient répandues que sur les plus dignes mais s'il s'agit du nécessaire, donne-le à tout homme indistinctement, donne-le même aux animaux.

Que ton caractère soit bon, ton ame sensible à l'amitié, ton cœur et ta langue toujours d'intelligence; éloigne-toi de toute débauche, de toute injustice.

Ne mens jamais : cela est infame.

Evite toute familiarité avec les courtisanes.

Dans les afflictions, offre à Dieu ta patience ; dans le bonheur, rends-lui des actions de grâces.

Jour et nuit, pense à faire du bien. La vie est courte.

Si, pouvant servir ton prochain aujourd'hui, tu attends à demain, tu fais mal.

Vole au secours de l'opprimé.

Sois pur dans tes pensées, dans tes paroles, dans tes actions.

C'est faire mal, de donner sa parole et de ne pas la tenir; de mettre sans bonne foi sa main dans celle d'un autre.

Ne prends pas le bien d'autrui. Ne cherche pas à séduire la femme de ton prochain.

L'homme qui emprunte et ne rend pas ce qu'il a demandé, fait un vol. Quand même celui qui a prêté serait riche, il n'en faudrait pas moins penser jour et nuit aux moyens de le satisfaire.

Ne t'emporte pas de colère. Ne te laisse aller ni à l'avarice, ni à la violence qui blesse, ni à l'envie, ni à l'orgueil, ni à la vanité.

Mets de l'attention dans tout ce que tu fais.

Ne dispute pas avec l'envieux.

Ne va pas avec celui qui fait du mal à son prochain.

Ne te lie pas avec les mauvais caractères.

Réponds avec douceur à ton ennemi.

Sois aimable à tes amis.

Respecte l'innocence et la simplicité.

Travaille à te rendre plus habile que ton père.

Conserve ton corps en santé, ton cœur pur; cultive ton intelligence.

Sois toujours attaché à la loi.

Comme l'ame et le corps sont amis, sois-le de tes frères, de ta femme et de tes enfans.

Heureux le pays dont les habitans sont bons, et où l'on n'entend prononcer que des paroles de paix; où l'on cultive bien la terre, où l'on sème beaucoup de grains, où l'on plante beaucoup d'arbres, et sur-tout d'arbres fruitiers; où l'on donne de l'eau au terrein qui n'en a pas; où l'on dessèche celui qui en a trop; où l'on multiplie les bestiaux ! Ceux qui se livrent à ces occupations remplissent les desseins de la Providence.

Malheureux le pays où l'on néglige ces travaux, et qui est le séjour de la violence et de l'injustice !

B 3

6.

PENSÉES MORALES
DE CONFUCIUS. (1)
CHAPITRE PREMIER.

Le juste milieu où repose la vertu, est toujours le but du sage. Il ne s'arrête point qu'il n'ait su l'atteindre; mais il ne tend jamais au-delà.

Il ne manque pas de gens qui, toujours poursuivant quelques vertus extraordinaires et secrettes, franchissent les justes limites du bien.

Ces prétendus sages, dont l'orgueil affecte tout ce qui s'éloigne des usages communs, des idées ordinaires, embrassent trop souvent, avec témérité, ce qui est au-dessus de leurs forces; ou, s'ils entrent dans le véritable sentier de

---

(1) Il vivait en Chine il y a environ 2400 ans.

la vertu, ils l'abandonnent à la moitié de la route, et s'arrêtent honteusement.

Dieu a lui-même imprimé dans l'homme la raison naturelle. Suivre cette raison dans la pratique, c'est obéir aux véritables lois de la vertu.

Le germe des passions est naturel à l'homme, ou plutôt il est la nature même ; mais le sage impose à ses passions le frein que lui présente aussi la nature, en tant qu'elle est le principe de la raison. D'accord avec la raison, les passions sont le principe de toutes les belles actions.

Le milieu est le point le plus voisin de la sagesse : il vaut autant ne point l'atteindre que de le passer. Mais combien peu savent le tenir ! Ce mal n'est point nouveau : c'est l'ancienne maladie de l'humanité.

Je sais bien pourquoi la plupart des hommes s'écartent du vrai sentier de la vertu. Les faux sages s'en éloignent par mépris. Persuadés que leur intelligence est capable de s'élever bien plus haut, ils le regardent comme indigne d'eux. Les hommes ordinaires n'y parviennent pas, parce qu'ils ne le connaissent point, ou qu'effrayés par les difficultés, ils désespèrent d'y atteindre. C'est faiblesse, c'est ignorance.

Pour bien régler sa famille, il faut d'abord se bien régler soi-même; il faut trouver dans sa propre personne le modèle qu'on doit se proposer dans le régime d'une famille entière.

Commence donc par rectifier ton ame, par dompter et modérer les affections qui la détournent de sa première droiture.

C'est à quoi l'on ne peut parvenir qu'en pénétrant son esprit de la vérité, en le dépouillant de tout ce qui tient à l'erreur, au mensonge, au préjugé : alors la volonté devient pure, l'intention droite; on ne veut plus que ce qui est honnête et utile; on n'a plus d'éloignement que pour ce qui est malhonnête et dangereux.

Le sage est circonspect dans ses moindres paroles. S'il tombe dans quelque faute, s'il ne remplit pas toutes les obligations qu'il s'est prescrites, il se fait violence à lui-même pour parvenir à s'en acquitter. Se présente-il à sa bouche une trop grande affluence de paroles, il sait en retenir une partie. Sévère censeur de lui-même, il veut que ses discours répondent à ses œuvres, et ses œuvres à ses discours. Comment ne serait-il pas stable et constant ?

La raison est perfectionnée par le plus heureux sentiment de l'ame, par cet amour vertueux qui unit l'homme à tous les hommes. Cet amour universel n'est point une qualité qui nous soit étrangère : il est l'homme lui même, ou, si l'on veut, c'est une qualité essentielle de l'homme et innée avec lui, qui lui inspire d'aimer ses semblables.

7.
PENSÉES MORALES
DE CONFUCIUS.
CHAPITRE SECOND.

LE propre de l'homme est d'aimer ; mais l'amour pour ses parens est son premier devoir, et sert de règle pour aimer les autres.

De cet amour général naît la justice distributive, qui rend à chacun ce qui lui est dû; mais le premier acte de cette justice est de préférer à tous les autres les sages et les hommes honnêtes.

Cet amour, cette charité pure que nous recommandons, est une affection constante de notre ame, un mouvement conforme à la raison, qui nous détache de nos propres intérêts, nous fait embrasser l'humanité entière, regarder tous les hommes comme s'ils ne faisaient qu'un corps avec nous, et n'avoir avec nos semblables qu'un même sentiment dans le malheur et la prospérité.

Lorsque cette piété aura fermement établi son empire dans tous les cœurs, l'univers entier ne sera plus qu'une seule famille ; tous les hommes ne seront plus que comme un seul homme ; et par l'heureux lien et l'aimable accord des hommes riches et bienfaisans, de ceux d'une condition médiocre, et de ceux des dernières classes, l'humanité entière semblera n'être qu'une seule substance.

Aimons donc les autres comme nous-mêmes ; mesurons les autres par nous ; estimons leurs peines et leurs jouissances par les nôtres. Quand nous comparerons les autres à nous ; quand nous leur souhaiterons ce que nous désirons pour nous-mêmes ; quand nous craindrons pour eux ce qui fait le sujet de nos propres craintes, alors nous suivrons les lois de la véritable charité.

L'abondance d'amour et de bienfaisance par laquelle le sage embrasse tous les hommes, le fait tenir à l'univers entier. L'ame abjecte du méchant se renferme en elle même : il n'est conduit que par des affections particulières ; il fait en quelque sorte une usure de l'amitié ; livré sans cesse à l'intérêt, il ne fait pas le bien, il le vend.

Le sage, toujours attentif à se vaincre lui même, se prête et s'accommode aux mœurs et au génie des autres ; mais, toujours maître de lui-même, il ne se laisse amollir ni dépraver par les habitudes et les exemples des hommes lâches et efféminés.

Au milieu des hommes qui s'écartent de la droiture, lui seul, toujours ferme, reste droit et juste, et n'incline vers aucun parti.

Si la vertu, si les lois sont en vigueur dans l'état, s'il exerce lui-même une magistrature, au faîte des honneurs, ses mœurs sont toujours les mêmes ; il suit le même genre de vie qu'il menait dans une condition privée, et ne se laisse point enfler d'un vain orgueil.

Mais, au contraire, si les vertus sont négligées, si tout est confondu, lui-même, pressé par la misère, assiégé par la douleur, et conduit à une mort honteuse, il se montre inébranlable, ne sait point changer, et reste attaché fortement au plan qu'il s'est formé. Voilà le plus haut degré du courage.

8.

PENSÉES MORALES
DE CONFUCIUS.

CHAPITRE TROISIEME.

Souvenez-vous de la faiblesse humaine: il est de notre nature de tomber et de faire des fautes. En avez-vous commis? ne craignez pas de les réparer, n'hésitez pas un instant; n'épargnez pas les efforts pour vous relever, et rompez généreusement les liens qui vous embarrassent.

Conduisez-vous toujours avec la même retenue que si vous étiez observé par dix yeux et montré par dix mains.

A quoi peut être bon l'homme sans foi, qui trompe dans ses discours, et qui manque à ses conventions ? On ne peut lui confier une charge publique; on doit s'en défier dans les affaires particulières.

Où les discours sont apprêtés, où tous les dehors sont flatteurs, ce n'est pas là qu'il faut chercher la probité.

Examinez bien si ce que vous promettez est juste, ou si vous pouvez le tenir : la promesse faite ne doit plus être révoquée.

Rectifiez vos pensées. Sont-elles pures ? vos actions le seront de même.

Apprenez à bien vivre, vous saurez bien mourir.

Nourrissez-vous sans vous livrer aux délices de la table ; logez-vous sans rechercher les aises de la mollesse; agissez avec soin, parlez avec prudence, et ne vous applaudissez point à vous-même. Recherchez sur-tout le commerce des sages; que leurs conseils soient vos lois; et vous voilà bien avancé dans l'étude de la sagesse.

Ignorez-vous une chose? avouez ingénument votre ignorance. L'homme ne peut tout savoir, mais il doit apprendre ce qui est de son devoir.

Gardez le silence sur ce qui vous paraît douteux, et ne parlez même qu'avec circonspection de ce que vous croirez certain; c'est ainsi que vous pécherez rarement en paroles.

Gardez-vous bien d'entreprendre aucune affaire qui pourrait nuire aux autres. Soyez sur vos gardes pour celles même que vous pourrez traiter, et dirigez-les avec ménagement; c'est ainsi que vous aurez bien rarement à vous repentir, ou d'avoir entrepris une affaire avec témérité, ou de l'avoir mal conduite,

Entretenir l'amour et la concorde dans sa famille, faire régner la vertu parmi ceux qui nous sont soumis, c'est gouverner en effet, c'est exercer une magistrature utile et glorieuse.

La frugalité, l'amour, la concorde, les égards mutuels des convives valent mieux dans les repas que les mets recherchés. Une douleur sentie, des larmes sincères valent mieux dans les pompes funèbres que l'appareil somptueux.

Le bourg le plus faible, le plus resserré, le plus inconnu ne renfermât il que vingt familles, est assez glorieux, si l'amitié, la bonne-foi règnent parmi ses habitans. Heureux celui qui a établi sa demeure dans cet asyle de l'amour et de l'innocence !

Les méchans ne peuvent supporter long-tems ni les douleurs et la pauvreté, ni les richesses et les honneurs. Mais le sage, quelle que soit sa fortune, se repose dans sa seule vertu.

Aimer la vertu, c'est avoir pour elle

une passion ardente, enflammée, exclusive, incapable de lui rien préférer. Haïr le vice, c'est craindre d'en être un seul instant souillé.

Celui qui suit la vertu le matin, peut mourir le soir : il ne se repentira pas d'avoir vécu ; il se consolera de mourir.

La vertu occupe tout l'esprit du sage, et l'intérêt, tout celui du méchant.

Haïssez le crime dans les méchans. Mais s'ils reviennent à la vertu, recevez-les dans votre sein, comme s'ils n'avaient jamais fait de fautes.

9.
PENSÉES MORALES
DE CONFUCIUS.
CHAPITRE QUATRIEME.

Rougissez de ces paroles étudiées par lesquelles on charme les oreilles, de ce sourire gracieux et trompeur par lequel on flatte celui qu'on veut gagner ; de ces politesses excessives par lesquelles on cherche à capter la bienveillance. C'est l'art des hommes légers et perfides, qui disent tout ce qu'ils veulent, et ne disent rien pour la vérité.

Il faut dans la société de la candeur et de la bonne-foi : il est honteux de caresser ceux qu'on hait ou qu'on méprise.

Que les vieillards reposent en paix ; qu'on prenne de leurs dernières années des soins respectueux, que la cordialité règne entre les amis, entre les égaux ; qu'on traite avec douceur, avec condescendance la tendre jeunesse qui n'a pas encore acquis toutes ses forces : tel est le vœu du genre humain.

Où trouver un homme qui soit pour lui même un censeur sévère, un témoin, un accusateur, un juge, qui reconnaisse sa faute, s'appelle lui-même au tribunal de sa conscience, s'avoue coupable, et se corrige ?

Que deux hommes seulement soient

avec moi, je saurai bien trouver entre eux un maître, et peut-être tous deux me donneront-ils des leçons. Si l'un est bon et l'autre méchant, je suivrai les vertus du premier ; j'observerai en silence les vices du second ; je me sonderai moi-même, et si je me trouve infecté de quelqu'un de ses vices, je me corrigerai.

L'hommme honnête est toujours paisible, égal et tranquille. Toujours le méchant vit dans le trouble, et des douleurs secrètes dévorent son cœur.

Les fonctions de conciliateur sont préférables à celles de juge. Il n'est pas difficile d'entendre et de juger les plaideurs. Mais accorder les hommes entre eux, prévenir entr'eux les procès et les haines, voilà ce qui est difficile et glorieux.

Quand la vertu est respectée, quand les lois sont en vigueur, il est honteux de languir dans le repos de la vie privée, et de ne pas chercher à se rendre utile à ses concitoyens. Quand la vertu fuit, et que les lois se taisent, c'est un opprobre de se conformer au tems, et de chercher les richesses et les grandeurs.

La constance peut avancer lentement, mais elle n'interrompt jamais l'ouvrage qu'elle a commencé, et produit enfin de grandes choses.

Que celui qui veut se vaincre soi-même, n'écoute rien qui choque la raison, ne prononce aucune parole qui blesse la raison, ne se livre à aucun mouvement dont la raison soit offensée.

Accumulez toujours en vous de nouvelles vertus; ne vous contentez jamais de celles que déjà vous avez acquises.

Se déclarer une guerre opiniâtre, combattre ses défauts nuit et jour, ne pas s'oublier soi même pour rechercher oisivement et témérairement les défauts des autres; voilà ce que j'appelle habiter en effet avec soi; voilà ce que j'appelle en effet se corriger.

Chérir les hommes, les renfermer tous

en quelque sorte dans son sein, telle est la véritable piété. Les connaître, telle est la véritable prudence.

Mais s'il faut aimer tous les hommes, me demandera t-on, que sert de les connaître, et de discerner les bons des méchans ? Aimez tous les hommes, ô vous qui leur commandez ! mais que les hommes honétes soient seuls accueillis ; que les méchans soient négligés : vous verrez bientôt ceux-ci devenir vertueux.

Le sage se fait des amis par sa sagesse. Ses amis l'aident à leur tour, et lui rendent plus facile le chemin de la perfection.

Avertissez avec douceur votre ami qui s'égare ; remettez-le dans la bonne route dont il s'est écarté ; mais si vos soins sont inutiles, si lui-même s'obstine à sa perte, ne vous rendez pas ridicule par une vaine importunité.

10.

PENSÉES MORALES
DE CONFUCIUS.
CHAPITRE CINQUIEME.

Je place aux premiers rangs de la société les hommes qui, dans les grands emplois, répondant à l'espoir de la nation, ont horreur de l'apparence même de la bassesse et de l'iniquité.

Je mets au second rang ceux qui méritent l'estime de leurs proches et de eurs égaux.

Je donne enfin la troisième place à ces hommes honnêtes qui, contens dans leur obscurité, se livrent uniquement aux occupations qui leur sont propres, et mettent tous leurs soins à s'en bien acquitter. Leur esprit est borné, leurs talens sont ordinaires, mais ils ne nuisent à personne, et se donnant tout entiers à ce qui leur convient, ils méritent des éloges.

Ne vous hâtez pas d'approuver l'homme qui est aimé du peuple, ni de condamner celui qui en est haï ; mais regardez comme un sage celui qui est aimé des bons et haï des méchans.

Le sage jouit de la plus profonde paix; mais il ne connaît pas les vains plaisirs de l'orgueil. L'insensé s'applaudit à lui-même; mais il ne connaît pas la paix de l'ame, parce qu'il ne connaît pas la vertu.

Il est d'une grande ame de repousser les injures par les bienfaits.

L'homme d'une grande ame et solidement vertueux ne demande point à vivre au détriment de sa vertu ; il prodigue même sa vie pour mettre à sa vertu le dernier sceau.

Le sage aime la société ; mais il ne se laisse pas emporter dans le tourbillon.

Il est constant, et non pas opiniâtre.

Un homme entêté est près du précipice ; et on ne l'avertit pas, parce qu'on sait qu'il reçoit impatiemment les avis. Il tombe ; et on ne le retient pas, parce qu'on sait que lui-même a voulu sa chûte.

On trouve de grandes richesses dans l'ami droit et sincère, dans l'ami fidèle, et dans celui qui écoute volontiers. Rien n'est plus dangereux que l'ami qui trompe par un extérieur composé, l'ami lâche et flatteur, et l'ami babillard.

Il est pernicieux de mettre sa joie dans l'orgueil et la vanité, dans la vie oisive et licencieuse, dans les festins et les voluptés.

Le malheur d'un état n'est pas qu'il soit pauvre, ni qu'il y ait peu de citoyens, mais que la justice ne soit pas exactement rendue à tous, et que la paix et la concorde n'y règnent pas. Qu'on supprime les dépenses inutiles, le luxe immodéré ; qu'on rende à chacun ce que prescrit la justice, il n'y aura pas de misère.

Des

Des hommes abjects et vils pourront-ils, même avec des talens, servir la patrie ? Non, sans doute. Tant qu'ils ne sont pas élevés aux emplois, ils ne pensent qu'à les obtenir : les ont-ils, ils ne pensent qu'à ne les pas perdre. Il n'est rien dont ils ne soient capables pour y parvenir, ou pour les conserver ; ils ne craindront ni la honte ni le crime.

Conservez un front serein et tranquille.

Témoignez par votre maintien de justes égards à ceux avec qui vous vous trouvez.

Quand vous agissez, donnez tous vos soins à ce que vous faites.

Quand vous parlez, soyez sincère et vrai ; que votre langue soit l'interprète fidelle de votre cœur.

Dans les conjonctures embarrassantes, examinez bien qui vous devez sur tout consulter.

Dans la colère, représentez vous fortement les suites funestes de la vengeance.

Dans les moyens de vous enrichir, pensez toujours à la justice.

Quand l'homme honnête voit un homme vertueux, il cherche à se conformer à ce modèle : il sait même profiter du spectacle du méchant, en cherchant s'il n'a pas avec lui quelque ressemblance.

Il est des tempéramens à garder, même avec la vertu. Celui qui veut aimer tous les hommes, et qui ne connaît pas les bornes qu'il faut donner à cet amour, se laissera emporter à une aveugle impétuosité de bienveillance, et répandra des bienfaits sans discernement. Celui qui se pique de prudence, et qui néglige de consulter, flottera dans une éternelle incertitude. L'ami de la bonne-foi, de la sincérité, qui ne voudra pas circonscrire cette vertu dans de justes limites, et qui n'aura pas d'égards pour les circonstances, offensera sans nécessité, et se nuira souvent à lui-même et aux autres. Avec la candeur et la haine de toute dissimulation, on peut, si l'on n'est pas éclairé, se jeter, par sa propre simplicité, ou par des ruses étrangères, dans mille embarras, dont on ne se tirera que bien difficilement. Le courage aveugle conduit à l'insolence, à la brouillonnerie. La fermeté, si elle n'est pas modérée sagement, dégénère en folle opiniâtreté.

II.
PENSÉES MORALES
D'UN ANCIEN SAGE DE L'INDE.
CHAPITRE PREMIER.

Sur les Devoirs individuels.

Ecoute les paroles de la *prudence*, suis ses conseils, et rassemble-les dans ton cœur. Ses maximes sont universelles ; elle est la base de toutes les vertus ; elle est notre guide dans le cours de la vie.

Donne un frein à ta langue, de peur

que les mots qui s'en échappent ne nuisent à ta tranquillité.

Que celui qui se moque du boiteux, prenne garde de le devenir. Quiconque parle avec plaisir des défauts des autres, entendra parler des siens avec honte.

Une plaisanterie amère est le poison de l'amitié, et celui qui ne peut retenir sa langue vivra dans la peine.

Acquiers les talens convenables à ta condition; ne dépense pas tout ce que tu possèdes, afin que l'économie de ta jeunesse puisse te soulager dans ta vieillesse.

L'avarice est la mère des mauvaises actions; mais la frugalité est la sûre gardienne de nos vertus.

Que tes amusemens ne soient pas dispendieux, de peur que tu ne payes un jour le plaisir par la douleur.

Ne te lie point d'amitié avec le méchant.

Instruit par l'expérience des autres, apprends à être sage : que leurs défauts servent à corriger les tiens.

Cependant n'attends pas toujours de la prudence un succès infaillible ; car l'insensé n'est pas toujours infortuné, ni l'homme sage toujours heureux. Mais jamais un insensé n'eut une parfaite jouissance, et jamais un homme sage ne fut entièrement malheureux.

Fortifie de bonne heure ton esprit par le *courage* et la *patience*, afin que tu puisses supporter la peine avec fermeté.

Tel que le chameau qui endure le travail, la chaleur, la faim et la soif au milieu des sables de l'Arabie, et ne succombe pas, un homme de courage soutient sa vertu dans les périls et le malheur.

Le bonheur du sage ne dépend pas des faveurs de la fortune, et en conséquence il n'est pas épouvanté de sa disgrace.

Il demeure ferme comme un rocher dans la mer, et le choc des vagues ne l'ébranle point.

Sa tranquillité allège le poids de ses

malheurs, et il les surmonte par sa constance.

Mais la faiblesse de l'homme sans vertu le livre à la honte.

Tombé dans la pauvreté, il descend bientôt à la basssesse.

Il ressemble au roseau qui est secoué par l'haleine du zéphir. Le moindre revers le fait trembler. Au moment du danger, il est embarrassé et confondu. Dans le jour du malheur, il est abattu, et le désespoir brise son ame.

Ce qui fait le bonheur sur la terre, c'est la sagesse, la paix de l'ame et la santé.

Si tu possèdes ces biens, et que tu veuilles les conserver jusques dans la vieillesse, *résiste aux attraits de la volupté*, et fuis ses tentations.

La joie qu'elle promet se change en tristesse, et ses plaisirs conduisent aux maladies et à la mort.

Observe ceux qui se sont laissés entraîner à ses séductions. Les courts instans qu'ils ont passés dans la débauche sont suivis des jours sombres du repentir. Leurs goûts sont blasés ; ils sont abrutis. Les disciples de la volupté sont devenus ses victimes : sort funeste, mais justes, établi par Dieu dans l'ordre des choses, pour la punition de ceux qui abusent de ses bienfaits.

Ah ! fuis la volupté, ferme l'oreille à sa voix enchanteresse. La honte, les maladies, le besoin et le repentir l'accompagnent, tandis que la santé brille sur les joues de l'innocence, la gaieté règne dans son cœur, une joie modeste paraît dans ses yeux.

La santé est le partage de ceux qui joignent l'exercice à la tempérance.

La vigueur fortifie leurs membres ; et le travail fait leurs délices pendant tout le jour.

Ils maîtrisent leurs passions, ils domptent leurs mauvaises habitudes.

Leurs plaisirs sont modérés, et ils en jouissent mieux.

Leur sang est pur, leur esprit serein; leur repos est court, mais profond et tranquille.

12
PENSÉES MORALES
D'UN ANCIEN SAGE DE L'INDE.

Continuation du chapitre premier, sur les devoirs individuels.

GARDE-TOI de te vanter de ta sagesse, et de te glorifier de tes connaissances.

Le premier pas vers la sagesse est de savoir que tu es ignorant; et si tu ne veux passer dans l'esprit des autres pour un insensé, n'aie pas la folie de paraître sage dans ta propre opinion.

Comme un vêtement simple est celui qui donne le plus d'éclat à la beauté, un air décent est le plus bel ornement de la sagesse.

Le langage d'un homme *modeste* donne du lustre à la vérité, et sa défiance de lui même excuse ses erreurs.

Ne se fiant pas à sa propre sagesse, il pèse les conseils d'un ami, et sait en profiter.

Il ferme l'oreille à la louange, et ne la croit pas. Il est le dernier à découvrir ses bonnes qualités.

De même qu'un voile ajoute à la beauté, ses vertus sont relevées par l'ombre que sa modestie étend sur elles.

Considère l'homme vain, et observe l'arrogant; il se couvre de riches habillemens, se montre dans les lieux les plus fréquentés, y promène ses regards de tous côtés, pour attirer sur lui, s'il était possible, tous ceux de la foule qui l'entoure.

Il regarde avec dédain le malheureux; il traite ses inférieurs avec insolence; mais ses supérieurs paient du mépris son orgueil, et rient de sa folie.

Il rejette le jugement des autres, n'agit

que d'après le sien, et se trouve confondu.

Bouffi de vanité, son plus grand plaisir est de parler de lui, et de ramener à lui tous les discours.

Il dévore les louanges, et le flatteur vit à ses dépens.

Emploie le tems présent, sans trop compter sur l'avenir.

Cet instant seul est à toi. Le suivant est dans le sein de l'avenir, et tu ne sais pas ce qu'il peut amener.

Fais promptement ce que tu as résolu de faire; ne diffère pas jusqu'au soir ce que tu peux exécuter le matin.

La *vigilance* chasse la misère; la prospérité et le succès accompagnent l'*industrie*.

L'homme heureux est celui qui bannit la paresse de sa maison, et qui a dit à l'oisiveté : Tu es mon ennemie.

Il se lève de grand matin; il fortifie son esprit par la méditation, et son corps par le travail, et conserve la santé de tous deux.

Le paresseux est à charge à lui-même ; les heures pèsent et s'écoulent lentement sur sa tête ; il s'amuse et ne sait quoi faire.

Ses jours disparaissent comme l'ombre d'un nuage, qui ne laisse après lui aucune trace de son existence.

Son corps est la proie des infirmités causées par le défaut d'exercice ; il soupire après le mouvement, et il n'a pas la force de se remuer. Son esprit est dans les ténèbres, ses pensées sont confuses ; il désire de savoir, mais il ne peut s'appliquer.

Sa maison est dans le désordre ; il court à sa ruine ; il le voit, il souhaite la réforme, mais il n'a pas assez de fermeté pour l'exécuter. Il dort en paix, jusqu'à ce que sa ruine éclate tout-à-coup ; et la honte et le repentir descendent avec lui dans le tombeau.

Garde-toi des folies de *l'ambition* et

des tourmens de l'envie; mais qu'une sage *émulation* dirige sans cesse tes efforts vers un but utile.

Le chêne qui étend au loin ses branches, a commencé par n'être qu'un gland dans le sein de la terre.

Tâche d'être le premier dans ta profession, quelle qu'elle soit : ne te laisse surpasser par personne pour faire le bien. N'envie pas néanmoins les talens d'un autre ; mais perfectionne les tiens.

Dédaigne l'art d'abaisser ton concurrent par d'indignes manœuvres ; ne cherche à t'élever au dessus de lui que par la supériorité du mérite.

Animé par l'émulation, l'homme s'élève, comme le palmier, en dépit de l'oppression.

Les exemples des hommes vertueux se retracent dans ses songes, et son seul plaisir est de les suivre à son réveil.

Mais le cœur de l'envieux n'est que fiel et qu'amertume ; sa langue distille le venin ; les succès de son voisin troublent son repos.

Il médite tristement dans sa maison ; et le bien qui arrive aux autres est un mal pour lui.

La haine et la méchanceté rongent son cœur, et il ne trouve aucun repos dans lui-même.

Il n'éprouve aucun amour pour le bien, et juge son voisin d'après lui.

Il s'efforce de déprimer ceux qui le surpassent, et n'interprète que méchamment toutes leurs actions.

N'envie à qui que ce soit le bonheur apparent dont il jouit; car tu ne connais pas ses peines secrètes.

Le pauvre ne voit pas les tourmens du riche ; il ne sent pas les embarras ni les désagrémens de la puissance; il ne connaît pas le fardeau de l'oisiveté : et voilà pourquoi il se plaint de son partage.

Si tu sens le mal-aise, la source en est presque toujours dans ta folie, dans ton orgueil, dans ton imagination égarée.

Si, avec les faveurs de la fortune, tu conserves la justice, la tempérance, la charité et la modestie, tu ne seras pas malheureux, quoique riche ; mais tu apprendras qu'un bonheur pur et sans mélange n'est accordé dans cette vie à aucun mortel, et qu'on ne peut y parvenir qu'après avoir rempli la carrière de vertu que Dieu nous a ordonné de parcourir.

13.
PENSÉES MORALES
D'UN ANCIEN SAGE DE L'INDE.
CHAPITRE SECOND.

Sur les Devoirs de famille.

Sois reconnaissant envers *ton père*, car il t'a donné la vie ; sois-le pour *ta mère*, car elle t'a porté dans son sein.

Ecoute les paroles qui sortent de leur

bouche, car ils te parlent pour ton bien ; écoute leurs conseils, ils sont dictés par l'amour.

Ils ont veillé pour ton bonheur, ils ont travaillé pour ton bien-être ; honore donc leur âge, et ne souffre pas que leurs cheveux gris soient traités avec irrévérence.

Rappelle-toi les faiblesses de ton enfance, les égaremens de ta jeunesse, et supporte les infirmités de tes parens dans leur vieillesse.

Assiste les, soutiens-les sur le déclin de leurs jours.

Ainsi leur tête blanchie descendra en paix dans la tombe, et tes enfans imitant ton exemple te récompenseront de ta piété par un amour filial.

Que les liens de l'affection t'unissent avec *tes frères*, afin que la paix et le bonheur puissent habiter la maison paternelle.

Lorsque tu seras séparé d'eux dans le monde, souviens-toi de ces liens, et ne préfère pas un étranger à ton propre sang.

Si ton frère est dans l'adversité, vole à son secours ; si ta sœur est dans la peine, ne l'abandonne pas.

Ainsi la fortune de ton père contribuera au soutien de toute sa race, et ses soins seront continués pour vous tous, même après sa mort, par votre attachement l'un pour l'autre.

Et toi, vierge timide, prête l'oreille aux instructions de la prudence, et que les préceptes de la vérité se gravent profondément dans ton cœur. Alors les charmes de ton esprit ajouteront un lustre à ta beauté, et semblable à la rose elle conservera sa douceur, lors même que son éclat sera flétri.

Dans le printems de ta jeunesse, au matin de tes jours, quand les yeux des hommes se fixeront sur les tiens avec délices, écoute avec précaution leur langage séducteur ; garde bien ton cœur,

d'un Sage de l'Inde. 65

et qu'il ne s'enivre pas de leurs douces flatteries.

Souviens-toi que tu fus faite pour être la compagne raisonnable de l'homme, et non pas l'esclave de ses passions.

Souviens-toi, *quand tu auras uni ta destinée à celle d'un époux*, que la fin de ton être est de l'assister dans les fatigues, de l'encourager par ta tendresse, et de récompenser ses soins par de douces caresses.

Quelle est celle qui gagne le cœur de l'homme et règne dans son sein ?

La voici :

Elle marche avec timidité ; l'innocence est dans son ame, elle se peint dans ses yeux ; la simplicité et la vérité reposent dans son cœur ; la modestie brille sur ses joues.

Sa main cherche le travail, et ses pas ne volent point après les vains plaisirs.

Vêtue avec propreté, elle se nourrit avec sobriété ; la douceur du miel coule de ses lèvres ; la décence règne dans toutes ses paroles ; la candeur et la vérité brillent dans toutes ses réponses.

La soumission et l'obéissance sont les leçons de sa vie ; la paix et le bonheur sont sa récompense.

La prudence marche devant elle ; la vertu l'accompagne.

Son regard doux a le langage de la tendresse, mais la pudeur est placée sur son front.

La langue de l'homme licencieux est muette devant elle ; le respect pour sa vertu lui commande le silence.

Son cœur est l'asyle de la bonté ; elle ne soupçonne pas le mal dans les autres.

Heureux l'homme qui l'a pour épouse ! Heureux l'enfant qui l'appelle sa mère !

Elle préside dans sa maison, et la paix y règne ; elle commande avec jugement, et elle est obéie.

Elle se lève de bonne heure ; elle visite sa maison, et donne à chacun l'occupation qui lui convient.

Le soin de sa famille est son plaisir

unique; lui seul fixe son attention : l'ordre et la simplicité se rencontrent dans sa demeure.

La prudence de sa conduite fait l'honneur de son mari, et il entend ses louanges dans un silence délicieux.

Elle forme l'esprit de ses enfans à la sagesse; et son exemple y grave les bonnes mœurs.

Ses paroles sont la loi de leur jeunesse; un seul de ses regards commande leur obéissance.

Dans la prospérité, elle n'est point enflée d'orgueil; dans l'adversité, elle guérit les plaies de la fortune par la patience.

Les peines de son mari sont allégées par ses conseils, et adoucies par ses caresses; il dépose son cœur dans son sein, et reçoit des consolations.

Chéris-la, *toi qui es son mari*, comme une bénédiction envoyée du ciel ! que la douceur de ta conduite te rende cher à son cœur.

Elle partage tes inquiétudes ; qu'elle partage aussi tes plaisirs. Reprends ses fautes avec bonté ; n'exige pas sa soumission avec rigueur.

Dépose ton secret dans son sein : ses conseils sont sincères, tu ne seras pas trompé.

Respecte la foi conjugale : ton bonheur et le sien en dépendent.

Si la douleur ou la maladie l'accablent, que ta tendresse adoucisse son affliction.

Considère la délicatesse de son sexe ; la fragilité de son corps, et ne sois pas trop sévère pour ses faiblesses ; mais souviens-toi de tes propres imperfections.

Quand le ciel t'aura donné un enfant, considère l'importance de ce dépôt ; il est de ton devoir de soutenir l'être que tu as produit ; c'est de toi que dépend son sort.

C'est de toi qu'il dépend d'en faire l'appui ou le fléau de tes jours, un membre utile à la société, ou indigne d'elle.

Prépare-le donc, en l'instruisant dès son enfance, et fais-lui goûter de bonne heure les maximes de la vérité.

Epie le moment où doivent naître ses inclinations; conduis-le bien dans sa jeunesse, et ne laisse pas les mauvaises habitudes accroître et se fortifier avec les années.

Un fils méchant est un reproche perpétuel pour son père, mais celui qui se comporte bien fait honneur à ses cheveux gris.

Apprends-lui à obéir, et il te bénira; apprends-lui à être modeste, et il ne sera jamais confondu.

Apprends-lui à être reconnaissant, et on s'empressera de le combler de bienfaits; apprends-lui à être charitable, et il sera chéri de tout le monde.

Apprends-lui la tempérance, et il jouira de la santé; enseigne-lui la prudence, et la fortune le suivra; apprends-lui à être juste, et le monde l'honorera; qu'il soit sincère, son cœur ne lui reprochera rien ; apprends-lui à être vigilant, et son bien augmentera.

Apprends-lui à être bienfaisant, et son esprit sera élevé ; instruis-le dans les sciences, et sa vie sera utile ; fortifie en lui les principes de la religion et de la morale, et il sera toujours heureux.

14.

PENSÉES MORALES

D'UN ANCIEN SAGE DE L'INDE.

CHAPITRE TROISIEME.

Sur les Devoirs sociaux.

TA nourriture, ton habillement, les commodités de ta demeure, ta sûreté, tes consolations, tes plaisirs, tu dois tout à l'assistance des autres, et tu ne peux en jouir que dans la société.

Il est donc de ton intérêt d'être juste

et sociable envers les autres, afin que les autres le soient envers toi.

De la *justice* dépendent la paix de la société et le bonheur des individus à qui elle assure la jouissance de tous leurs droits.

Restreins les désirs de ton cœur dans les bornes de la modération ; que la justice les arrête dans leur essor.

Ne jette pas un œil d'envie sur les biens de ton voisin. Quelle que soit sa propriété, qu'elle soit sacrée pour toi.

Ne le diffame pas ; n'invoque pas la voix d'un faux témoin contre lui.

N'engage pas son serviteur à le tromper ou à le quitter, et ne cherche pas à séduire sa femme.

Ce serait pour son cœur une peine que tu ne pourrais jamais réparer.

Conduis tes affaires avec droiture et équité.

Sois fidèle à ta promesse, et ne trompe pas l'homme qui compte sur toi.

Quand tu vends pour gagner, écoute

la voix de ta conscience, et sois satisfait d'un gain modéré. Ne tire pas avantage de l'ignorance de l'acheteur.

Paie exactement tes dettes ; car celui qui t'a donné crédit, compte sur ta parole, et ce serait une bassesse et une injustice de le tromper.

Examine ton cœur, appelle ta mémoire à ton secours ; si tu te trouves coupable d'avoir violé aucun de ces préceptes, sois-en honteux, et répare tes fautes promptement et autant qu'il est en ton pouvoir.

Ne te borne pas à ne point faire aux autres d'injustice ; fais encore pour eux ce que tu voudrais qu'ils fissent pour toi.

Heureux l'homme *bienfaisant !*

Semblable à une source intarissable, son cœur produit naturellement et sans cesse des actions utiles à ceux qui l'entourent, à sa patrie, au genre humain.

Il jouit de la tranquillité de sa conscience ; il jouit encore du bonheur et de la prospérité des autres.

Les

Les fautes et les malheurs des hommes l'affligent, mais il ne cesse pas de les aimer.

Son désir est de faire le bien, et il en cherche les occasions ; en soulageant son semblable, il se soulage lui-même.

Son ame sublime embrasse, dans ses vœux, le bonheur de tous les hommes, et son cœur généreux s'efforce de le leur procurer.

Il ne censure pas son voisin ; il n'ouvre pas l'oreille à la médisance ; il ne croit pas les insinuations de l'envie et de la méchanceté, et ne répète pas leurs calomnies.

Il pardonne les injures et les bannit de son souvenir ; la vengeance et la haine n'ont pas de place en son cœur.

Il ne rend pas le mal pour le mal ; il paie les injustices de ses ennemis par la bienveillance.

Les peines et les inquiétudes de ses frères excitent sa compassion ; il tâche d'alléger le poids de leurs maux, et le plaisir du succès est la récompense de ses efforts.

Il calme le furieux ; il appaise les querelles des hommes irrités, et prévient les malheurs qu'entraînent la dispute et l'animosité.

Il fait fleurir dans son voisinage la paix et la bienveillance, et l'on ne prononce son nom qu'en l'accompagnant de louanges et de bénédictions.

Indépendamment de la *justice* et de la *bienfaisance*, la *reconnaissance* et la *sincérité* sont des devoirs de la vie sociale.

Comme un fleuve rend à la mer les eaux qu'elle a fournies à sa source, de même l'homme vertueux s'empresse de rendre les bienfaits qu'il a reçus.

Il *reconnaît son obligation* avec plaisir ; il regarde son bienfaiteur avec amour et estime. S'il n'est pas en son pouvoir de rendre le bienfait, il en nourrit soigneusement le souvenir dans son cœur, et chaque jour de sa vie le lui rappelle.

Le cœur d'un ingrat est semblable à un

désert de sable, qui engloutit avec avidité, dans son sein stérile, les pluies que le ciel envoie.

N'envie pas le sort de ton bienfaiteur; n'essaie pas de cacher ses bienfaits : car quoiqu'il soit plus flatteur d'obliger que d'être obligé, quoiqu'un trait de générosité commande l'admiration, la reconnaissance a aussi son mérite ; elle touche le cœur, et est agréable à Dieu et aux hommes.

Mais ne reçois pas une faveur de la main de l'orgueilleux; ne contracte aucune obligation envers l'avare. La vanité de l'orgueil t'exposerait à la honte, et la cupidité de l'avarice ne serait jamais satisfaite.

O toi, que les charmes de la vérité ravissent! toi, que son air naïf et simple enchante, jure-lui une fidélité inviolable; et ne l'abandonne jamais ; la constance de ta vertu te couronnera de gloire.

La langue de *l'homme sincère* a sa racine dans son cœur; l'hypocrisie ni l'imposture ne dictent jamais ses paroles.

Il soutient en homme la dignité de son caractère, et il a un profond mépris pour les artifices de l'hypocrisie.

Il est toujours d'accord avec lui-même et n'est jamais embarrassé. Il parle avec assurance le langage de la vérité, mais il tremblerait pour mentir.

Sa sincérité ne lui fait pas oublier les lois de la prudence et de la discrétion.

Il conseille avec amitié; il reprend avec liberté, et quelque chose qu'il promette, il l'accomplit exactement.

Mais le cœur de l'hypocrite est caché; il masque ses paroles de l'apparence de la vérité, pendant que tromper est l'unique occupation de sa vie.

Il rit dans la peine; il pleure lorsqu'il se réjouit intérieurement, et ses paroles sont toujours équivoques.

Il travaille dans l'obscurité comme la taupe, et s'imagine qu'il est en sûreté; mais la lumière paraît tout-à-coup, et il est exposé à tous les regards, la face couverte d'opprobre.

Il traîne ses jours dans une contrainte perpétuelle ; sa langue et son cœur sont toujours en contradiction.

Il voudrait passer pour un homme droit, lorsqu'il n'est que malice au dedans de son ame ; qu'artifice au-dehors.

L'insensé ! avec les peines qu'il prend pour cacher ce qu'il est, il deviendrait aisément ce qu'il veut paraître. Il en coûte moins pour être réellement vertueux, que pour conserver le masque de la vertu. Les enfans de la sagesse se moqueront de sa duplicité, et lorsque le masque tombera, le doigt de la dérision le montrera à tous les yeux, pour le vouer à l'opprobre.

15.
PENSÉES MORALES
DE
DIVERS AUTEURS CHINOIS.
CHAPITRE PREMIER.

Donnez votre confiance aux gens de bien, et rompez tout commerce avec les hommes corrompus.

Pensez avant que d'agir; et ne commencez rien sans avoir bien consulté les circonstances.

On étouffe les vertus qu'on a, quand on croit en avoir assez; et l'on perd le fruit de ses bonnes actions, quand on les vante soi-même.

On s'éclaire en instruisant les autres. Celui qui s'applique à donner aux autres des préceptes, fait lui-même des progrès dont il ne s'apperçoit pas d'abord.

On a mal parlé de vous : que vous servira de vous irriter ? Unissez-vous plutôt à vos censeurs ; reprochez vous à vous-même les fautes qu'on vous impute, et faites des efforts pour devenir plus vertueux.

N'ayez ni aversion, ni mépris pour les esprits bornés ; n'exigez pas qu'un homme soit parfait en tout.

Il n'est pas difficile de reprendre dans les autres ce qu'ils ont de vicieux : la difficulté est de recevoir les avis et les réprimandes des autres, sans les laisser couler comme l'eau.

Une fois accoutumé à l'obéissance filiale, il est bien rare qu'on désobéisse aux magistrats ; et quand on respecte les magistrats, on ne trouble jamais l'Etat par des factions.

Aimez-vous les sages et les hommes honnêtes, respectez-vous vos parens, êtes-vous prêt à donner votre sang pour votre patrie ? ce n'est pas tout encore. Connaissez vous les devoirs de l'amitié, craignez-vous de ne les pas observer, êtes-vous vrai dans vos discours, de bonne-foi dans vos actions ? vous êtes savant, quand vous n'auriez fait d'ailleurs aucune étude.

De la chaleur du sang naît une valeur machinale et désordonnée. Le véritable courage est dirigé par la raison.

Si vous doutez de la justice d'une action, il faut vous en abstenir.

On aime la gloire, on craint la honte ; et cependant on ne résiste pas au vice. C'est se loger au milieu d'un marais, quand on craint l'humidité.

Les anciens sages, les personnages illustres, dont les grandes qualités étonnèrent quelquefois l'univers, n'étaient cependant que des hommes. Ne puis-je pas les imiter, devenir leur égal ? Pourquoi regarder leur gloire d'un œil timide, lorsque je puis m'élever jusqu'à leurs vertus ?

Il existe, il doit exister deux sortes d'hommes. Les uns fatiguent leur esprit, et les autres leurs bras ; ceux-ci ont besoin d'être conduits, et les autres dirigent. Les premiers reçoivent des autres la subsistance, et les seconds la leur procurent. Tel est le fondement de la société. Si personne n'éclairait, ne conduisait le peuple, que deviendrait le genre humain ?

Tout se fait dans la société par des échanges mutuels. Le laboureur donne du blé au tisserand, et il en reçoit de la toile. L'architecte vous bâtit une maison, et par le prix que vous accordez à ses travaux, il pourvoit à ses besoins, il soutient sa famille. Le sage, par son exemple et par ses leçons, communique aux autres la sagesse : lui envierez-vous les récompenses qu'il reçoit en échange ?

Si votre fils n'entend que des paroles honnêtes, s'il ne voit que des actions vertueuses, il ne pourra se plonger dans le vice ; et quand il le voudrait chercher, il n'en trouverait pas le chemin.

L'amour de ses semblables est l'asyle

de l'homme, et l'équité, le vrai chemin qui le conduit au bonheur. Quitter un asyle sûr, abandonner le meilleur chemin, n'est-ce pas une folie digne de pitié?

Vous aimez à publier les défauts d'autrui : puissiez-vous prévoir les chagrins que vous vous préparez à vous-même!

16.
PENSÉES MORALES
DE
DIVERS AUTEURS CHINOIS.
CHAPITRE SECOND.

L'HOMME n'est distingué des autres animaux que par l'intelligence. Quelques-uns la cultivent, le plus grand nombre la néglige. Ils semblent vouloir renoncer à ce qui les sépare de la brute.

Il ne suffit pas que l'homme nourrisse

son corps; il doit se nourrir tout entier, et sur-tout alimenter son intelligence, qui est la plus belle partie de lui-même.

Si les hommes cherchent la vertu, ils sont sûrs de la trouver; mais ils aiment bien mieux chercher les richesses et les honneurs, qui dépendent des autres, et que peut-être ils n'obtiendront jamais.

L'horreur du mépris et de la pauvreté, l'amour des honneurs et des richesses, voilà ce qui aveugle les hommes. O véritablement sage celui que les honneurs ni l'abjection ne peuvent détourner un instant du juste et de l'honnête !

C'est peu de commencer à chercher la vertu, il faut finir. Ainsi le mercenaire qui creuse un puits, s'il s'arrête sans trouver l'eau, après avoir fouillé quelques toises, a perdu son tems et sa peine.

Les grands hommes et les sages donnent, du fond de leurs tombeaux, de grandes et utiles leçons à la postérité. Ils ont cessé de vivre ; mais leurs ouvrages et leurs exemples ne sont point sujets à la mort, et ils seront encore les maîtres des siècles à venir.

Le vrai moyen de conserver un cœur pur, c'est de prescrire des bornes à ses désirs. Alors, si l'on s'écarte quelque tems du sentier de la vertu, on y rentrera bientôt.

Ne dites jamais : Cette faute est légère, je puis me la permettre sans danger.

Faire du bien à ceux qui ne peuvent payer de retour, c'est amasser un trésor de vertu, qui n'en est pas moins riche pour être caché. C'est quelquefois préparer un riche héritage à ses enfans.

Combien de fois on dissipe, pour un plaisir d'un instant, ce qui pourrait arracher à la mort des centaines d'infortunés !

Vous avez tort de mériter des réprimandes : vous avez un nouveau tort de ne savoir pas les supporter.

Celui qui promet légèrement, est souvent obligé de manquer à sa parole, et se rend indigne de toute confiance. Mais sur-tout ne vous fiez jamais à l'homme qui dit le pour et le contre sur une même affaire.

On m'attribue une mauvaise intention: eh ! que m'importe, si je ne l'ai point en effet ? On m'attribue une action condamnable : eh ! pourquoi m'affliger, si j'en suis innocent ? L'opinion des autres peut-elle me dépouiller de ma vertu ?

Accorder un bienfait, et en exiger ensuite du retour, c'est rétracter le bien qu'on a fait, et en perdre le mérite.

Quand j'entends dire du mal d'autrui, dit un poëte, j'éprouve la même douleur que me causeraient des épines aiguës qui me perceraient le cœur ; mais quand j'entends dire du bien de quelqu'un, je sens le même plaisir qu'exciterait en moi l'odeur la plus suave des fleurs.

Où le cœur doit-il chercher la paix? Ce n'est pas dans la haute fortune; ce n'est pas dans les plaisirs. S'ils durent long-tems, ils nous lassent, et la satiété va jusqu'au dégoût. Dans les grandes places, on désire la retraite; dans les grandes fêtes, le repos. Il n'est que la sagesse, qu'on aime d'autant plus, qu'on y fait plus de progrès.

Il y en a qui gémissent de n'avoir pas assez de bien; qu'ils gémissent plutôt de ne pas savoir se contenter du nécessaire.

En passant d'une humble condition à des postes élevés, il ne faut ni oublier les bienfaits qu'on a reçus, ni se ressouvenir des injures.

Vieillir, être malade et mourir, voilà ce qu'on craint le plus dans la vie. Les richesses n'apportent point de remède à tout cela. Mais, par elles, souvent on vieillit plutôt; on tombe plus souvent malade, et l'on parvient plutôt à la mort.

Ce qu'il faut pour se nourrir, se loger, se vêtir, est bien peu de chose. On désire le reste pour se conformer au goût des autres, ou pour les éblouir,

17.

PENSÉES MORALES

DE

DIVERS AUTEURS CHINOIS.

CHAPITE TROISIEME.

N'ÉCRIVEZ pas dans l'émotion de la colère. Un coup de langue est souvent plus dangereux qu'un coup de poignard; que ce sera-ce d'un coup de plume ?

Un bon livre, un bon discours peuvent faire du bien ; mais un bon exemple parle bien plus éloquemment au cœur.

On vous propose des honneurs, du profit: ne demandez pas si ces honneurs sont grands, si ce profit est considérable; mais si la chose est juste.

L'homme consume sa vie dans de vains projets. Il espère, il travaille, il s'agite pour le lendemain, jusqu'à ce qu'il n'y ait plus de lendemain pour lui.

Peu de gens périssent par le poison, et cependant il fait horreur. Les délices de la volupté tuent des hommes sans nombre, et personne ne les redoute.

Ne recherchez pas trop sévèrement les fautes de l'homme qui se distingue par de grands talens ou de grandes vertus. Un diamant a-t-il quelques défauts ? il est encore bien plus précieux qu'une pierre commune qui n'en a pas.

Vous voulez attendre que vous ayez du superflu pour soulager les pauvres... Ah, malheureux ! vous ne les soulagerez jamais.

Le devoir du père est de corriger les défauts de ses enfans : le penchant de la mère est de les excuser. Le père doit les corriger, mais sans trop de rigueur : la mère doit compatir à leur faiblesse, mais sans trop de complaisance.

Instruisez l'enfance, dès que son esprit devient capable d'instruction ; mais ménagez sa faiblesse, et sachez vous accommoder à sa raison naissante.

Négliger l'éducation des filles, c'est préparer la honte de sa propre famille, et le malheur des maisons dans lesquelles elles doivent entrer.

Les liens qui unissent le père à ses enfans, le frère à ses frères, les amis à leurs amis, les citoyens à leurs concitoyens, ont été précédés des nœuds qui attachent l'époux à l'épouse. Rien n'est plus sacré que cette union; et du bon ordre qui y règne, résulte celui de toute la société.

Si, dans la pauvreté, on n'est point frappé de la pompe des riches, on ne sera pas, dans la fortune, énorgueilli de sa propre grandeur. Si, dans la fortune, on ne détourne point ses regards du malheureux, on ne sera pas abbattu par l'adversité.

Vous regardez d'un œil d'envie les richesses des autres; mais ces vains désirs ne vous enrichiront pas : ne vaudrait-il pas mieux fermer votre cœur à cette folle cupidité ? Vous nourrissez la volonté de nuire à votre ennemi ; mais cette impuissante volonté ne lui nuit pas : ne vaudrait-il pas mieux lui pardonner de bonne foi.

Celui-là jouit de la véritable richesse, qui sait mesurer ses dépenses à ses revenus.

L'intrigant a quelquefois de grands succès; mais il est sujet à de grands revers. L'homme droit et sans ambition fait rarement une grande fortune, mais il craint peu les grands désastres.

N'entretenez pas de votre bonheur l'homme qui vient d'éprouver une disgrace.

Mortels, appliquez-vous d'abord à vous connaître : parlez ensuite des défauts d'autrui.

L'homme qui estime trop les richesses et les honneurs, fût il un sage, ne se défendra pas long-tems de la corruption du siècle.

Nous sommes maîtres de ne point donner de prise à la médisance, mais non d'empêcher les médisans de parler.

Cacher les défauts des autres, et publier leurs vertus, c'est le caractère de l'homme honnête ; c'est le moyen de se faire aimer.

Le railleur s'attire toujours quelques mauvaises affaires, et le grand parleur ne manque jamais d'ennemis.

Quand un mot est une fois échappé, un char attelé de quatre chevaux ne pourrait l'atteindre ; sachez donc veiller sur vos paroles.

Si vous n'avez pas exercé de charges publiques, vous ne savez pas combien il est difficile de gouverner les peuples. Si vous n'avez pas eu d'enfans, vous ne connaissez pas les soins et les sollicitudes d'un père. Ne parlez jamais légèrement des devoirs que vous n'avez pas eu l'occasion de remplir.

Fier de votre rang, gonflé de votre science, vous regardez les autres avec mépris. Vous ressemblez à cet enfant, qui fièrement assis sur un monceau de neige, s'applaudit de son élévation. Le soleil darde ses rayons ; la neige se dissout, et le petit orgueilleux tombe dans la fange.

18.
PENSÉES MORALES
DE
DIVERS AUTEURS CHINOIS.
CHAPITRE QUATRIEME.

Réprimer avec une douce sévérité les fautes de sa famille, c'est le moyen d'y maintenir la paix. Ne point parler des fautes de ses voisins, c'est le moyen de vivre avec eux en bonne intelligence.

N'exigez pas, des personnes avancées en âge, des complaisances qui puissent les fatiguer ; ni des gens sans fortune, des services qui exigent quelque dépense.

Quoique vous ayez raison, si l'on vous dispute votre droit, et qu'il ne s'agisse que d'un faible intérêt, cédez. Si la chose est importante, cherchez de sages arbitres.

Souvent un pied de terre disputé coûte dix arpens en frais de procédure.

Si le riche veut faire du bien, le bonheur qui nait autour de lui s'étend et se propage. S'il se livre au vice, il va consommer le malheur d'une foule d'infortunés. De grands biens ou de grands maux accompagnent toujours les grandes richesses.

Un léger secours donné à propos et dans un besoin extrême vaut mieux que cent bienfaits mal distribués.

Il n'est personne qui ne cherche à se rendre heureux ; mais parviendra t-on au bonheur par tous les mouvemens qu'on se donne ? Celui qui sait se contenter est bientôt satisfait.

N'opposez au fourbe que la droiture, vous allez voir ses ruses retomber sur lui-même. Je n'ai jamais vu que la finesse ait pu tenir long-tems contre la sincérité.

Soyez modeste, on ne se fera pas une peine de vous accorder de l'estime; mais si vous cherchez vous-même par vos discours à persuader les autres de votre mérite, c'est assez pour qu'ils s'obstinent à en douter.

Votre voisin est plongé dans la tristesse : cachez-lui bien vos plaisirs. S'il entend la joie retentir dans votre maison, il croira que vous insultez à sa douleur.

Combattez-vous les défauts de quelqu'un ? ne soyez pas trop sévère ; car vous le rendriez indocile. Si vous l'exhortez à la vertu, ne lui proposez d'abord rien de trop difficile : ce serait le rebuter et perdre le fruit de vos leçons.

Vous méditez une affaire. Vous est-elle avantageuse sans nuire à personne ? entreprenez-la. N'y trouvez-vous votre avantage qu'en faisant aux autres du tort ? ayez horreur de votre dessein. Mais s'il peut être utile aux autres, et ne faire de tort qu'à vous seul, vous l'exécuterez, si vous avez une grande ame.

Rien n'est plus capable de nous consoler dans nos disgraces, que de réfléchir sur la situation de tant d'infortunés qui souffrent encore plus que nous.

Ceux qui prêchent la vertu opèrent rarement le bien qu'ils espéraient. Mais qu'ils ne se rebutent pas : c'est au tems à faire mûrir les fruits qui seront dus à leurs instructions.

19.
PENSÉES MORALES
DE THÉOGNIS (1).

Tu ne saurais plaire à tous ceux dont tu recherches les suffrages. Dois-tu en être surpris ? Le maître des humains ne peut lui-même les contenter tous, soit qu'il féconde la terre en lui prodiguant le trésor des eaux vivifiantes, soit qu'il les retienne suspendues dans les airs.

Cultive la vertu ; garde-toi de chercher dans le vice et l'iniquité la gloire, les richesses, la puissance. Se tenir toujours éloigné de la société des méchans, rechercher constamment le commerce des gens de bien, c'est avoir beaucoup profité. Mérite de t'asseoir à la table de ceux-ci ; mérite qu'ils te fassent une

---

(1) Il vivait en Grèce il y a environ 2300 ans.

place

place auprès d'eux, et rends toi digne de plaire aux mortels qui réunissent les vertus à la puissance. Avec les bons, tu apprendras à chérir la vertu : auprès des méchans, tu sentiras s'affaiblir dans ton cœur la haine du vice, et tu perdras bientôt jusqu'à la raison qui t'éclaire.

Marche d'un pas tranquille dans la voie moyenne : c'est elle qui conduit à la vertu.

Vois cet homme injuste et ambitieux : il n'est animé que de l'amour du gain. Toujours il est prêt à fouler aux pieds la justice. Tu es ébloui de l'éclat qui l'environne ; sa fortune t'en impose ; attends sa fin. Le ciel est juste, quoique sa justice se cache quelquefois à l'œil peu clairvoyant des mortels. Garde toi de croire que l'homme qu'on envie soit toujours heureux : il payera la dette de son crime. Insensé ! tu oses murmurer contre Dieu trop lent à punir le coupable ! Ne vois-tu pas la mort assise sur ses lèvres, et prête à le frapper ?

E

Insensés avec les fous, justes et sages avec les amis de la sagesse et de l'équité, nous prenons le caractère de ceux qui nous environnent. N'ayons donc que des amis vertueux.

Préfère la pauvreté, dans le sein de la justice, à l'abondance que procure l'iniquité.

Toutes les vertus sont comprises dans la justice ; si tu es juste, tu es homme de bien.

Garde-toi, dans ta colère, de reprocher à l'indigent la pauvreté qui flétrit l'ame.

L'orgueilleux se vante, s'élève, et veut en imposer : sait-il comment le jour finira pour lui ? sait-il dans quel état la nuit va le trouver ?

Qui sait mettre des bornes à sa fortune ? Celui qui possède le plus de richesses, veut au moins les doubler. Qui jamais pourra satisfaire tant de gens qui tous ont le même désir ? C'est l'amour des richesses qui cause la folie des hommes et leur perversité.

Crains de t'exposer, pour une faute légère, à perdre ton ami. Garde-toi d'écouter le calomniateur qui l'accuse.

Dieu seul est exempt de faire des fautes. Sans l'indulgence, l'amitié ne peut plus exister.

Etudie les inclinations et les désirs de ceux que tu fréquentes. Apprends à t'y conformer. Ton ami veut te quitter : ne le force pas à rester auprès de toi. Il voudrait rester : ne l'engage pas à sortir. Il dort : ne trouble pas son sommeil. Ne l'engage pas à dormir, quand il a dessein de veiller. Rien n'est plus insupportable que la contrainte.

Cher et malheureux ami ! tu viens, dépouillé de tout, dans les bras d'un ami qui n'a rien. Je te prodiguerai du moins, dans mon infortune, ce que j'ai de meilleur. Tu m'aimes, et je ne te dirais pas: Viens t'asseoir avec moi; et je te cacherais le peu que je possède ! Ce que j'ai est à toi. Si l'on te demande comment je vis, réponds que je me soutiens avec peine, mais qu'enfin je me soutiens; que je suis trop pauvre pour secourir un grand nombre de malheureux, mais que je ne repousse pas l'ami qui se réfugie dans mon sein.

Heureux qui peut dire : O ma jeunesse désormais écoulée ! ô vieillesse qui t'approches ! jamais vous ne m'avez vu, vous ne me verrez jamais trahir un ami fidèle; jamais vous ne trouverez rien de vil dans mon cœur.

20.
PENSÉES MORALES
DE THÉOGNIS.
CHAPITRE SECOND.

Quoi ! dit l'infortuné, il est donc arrêté que je ne serai jamais vengé des scélérats dont la violence m'a tout ravi !

Dépouillé par eux, et réduit à la honteuse nudité, je serai donc encore obligé de traverser les fleuves pour me soustraire à leurs coups ! le ciel me refusera le spectable de leurs larmes ! Jamais je ne m'abreuverai de leur sang impur !....
Malheureux ! tu blasphêmes. Tu as joui du bien, supporte le mal avec courage. Le ciel t'a fait connaître l'une et l'autre fortune ; apprends à te soumettre. De la prospérité tu es tombé dans le malheur ; ne te défie pas de la providence : du malheur peut-être elle va t'élever à la prospérité. Mais épargne-toi sur-tout des plaintes vaines et des cris de vengeance: tu trouverais tous les cœurs insensibles à ton infortune.

Il n'est difficile ni de louer, ni de blâmer : c'est un art familier aux méchans. L'intérêt leur inspire l'éloge ; la médisance est leur plaisir. L'homme de bien sait lui seul garder en tout des mesures; il est toujours ami de la modération, toujours circonspect.

La jeunesse donne à l'ame de l'énergie ; mais souvent elle ne l'élève que pour la plonger plus profondément dans l'erreur. C'est ce qui arrive toutes les fois que l'esprit a moins de force que les passions, et se laisse conduire par elles.

Quelque projet qui se présente à ton esprit, consulte-toi deux et trois fois. Quand on agit avec précipitation, on ne peut éviter le reproche.

O patrie ! j'ai parcouru les plus belles contrées ; j'ai vu les richesses des nations étrangères ; j'ai trouvé des hôtes caressans ; mais la joie ne pouvait entrer dans mon cœur. Le sentiment me rappelait sans cesse vers toi !

Tu es juste : que ta vertu fasse ta récompense et ta félicité. Les uns diront du bien de toi, les autres en parleront mal. Le sage doit s'attendre à l'éloge, il doit s'attendre à la satyre.

Tout mortel a fait du bien, tout mortel a fait du mal : nul ne peut se vanter d'être parfaitement sage.

Tiens un juste milieu entre l'avarice et la prodigalité. J'ai connu un homme riche ; il s'épargnait jusqu'à la nourriture. Pendant qu'il amassait pour vivre, la mort est venue le surprendre. Il s'était épuisé de travail ; jamais il n'avait fait de bien à personne : des inconnus ont envahi ses trésors. J'en ai vu un autre qui se livrait aux plaisirs de la table. Je mène, disait-il, une vie délicieuse. Pendant qu'il parlait, ses richesses se trouvèrent dissipées. Il implore aujourd'hui l'assistance de ses amis, et ne trouve que des cœurs impitoyables.

Jeune et brillant encore de toutes les fleurs du bel âge, profite bien de tes avantages, et exerce ton ame à la vertu. Dieu ne te permettra pas de parcourir deux fois la carrière de la jeunesse. Les humains ne peuvent se soustraire à la mc : la vieillesse vient saisir leur tête de ses mains pesantes ; elle leur reproche le tems vainement écoulé.

21.

PENSÉES MORALES

ATTRIBUÉES

A PYTHAGORE. (1)

Révère la divinité : c'est ton premier devoir.

Respecte ton père et ta mère.

Choisis pour ton ami l'homme que tu connais le plus vertueux. Ne résiste point à la douceur de ses conseils, et suis ses utiles exemples.

Fais le bien autant de fois que tu le peux.

Prends l'habitude de commander à la gourmandise, au sommeil, à la luxure, à la colère.

---

(1) Il naquit à Samos il y a environ 2400 ans, et alla professer sa doctrine en Italie, où il mourut dans une grande vieillesse.

Ne fais rien de honteux en présence des autres, ni dans le secret. Que ta première loi soit de te respecter toi-même.

Que l'équité préside à toutes tes actions ; qu'elle accompagne toutes tes paroles.

Que la raison te conduise jusques dans les moindres choses.

Souviens-toi que tous les hommes sont destinés à la mort.

La fortune se plaît à changer. Elle se laisse posséder. Elle échappe. Eprouves-tu quelques revers ? sache les supporter avec patience ; ne t'indigne pas contre le sort. Cherche à réparer tes malheurs, et sois bien persuadé qu'il n'y en a pas pour les mortels vertueux qui soient au-dessus de leurs forces.

Il se tient dans le monde de bons discours et de mauvais propos. Profite des uns ; ne te laisse pas effrayer par les autres. Que de vaines paroles ne te détournent pas des projets honnêtes que tu as formés.

Tu te vois attaqué par le mensonge : prends patience, supporte ce mal avec douceur.

Consulte-toi bien avant d'agir. Crains, par trop de précipitation, d'avoir à rougir de ta folie.

Que personne, par ses actions, par ses discours, ne puisse t'engager à rien dire, à rien faire dont tu puisses te repentir dans la suite. Garde-toi d'entreprendre ce que tu ne sais pas faire, et commence par t'instruire de ce que tu dois savoir.

Ne néglige pas ta santé : donne à ton corps, mais avec modération, le boire, le manger, l'exercice. Tu ne pourrais passer cette mesure sans te nuire.

Que ta table soit saine, que le luxe en soit banni.

Evite de rien faire qui puisse t'attirer l'envie.

Ne cherche point à briller par des dépenses déplacées. Ne te pique pas non plus d'une épargne excessive.

N'abandonne pas tes yeux aux douceurs du sommeil, avant d'avoir examiné les actions de ta journée.... Quelle faute ai-je commise?... Qu'ai je fait?... A quel devoir ai-je manqué?... Commence par la première de tes actions, et parcours ainsi toutes les autres. Reproche-toi ce que tu as fait de mal; jouis de ce que tu as fait de bien.

Embrasse le genre de vie le plus conforme à la vertu. Il peut paraître d'abord le plus pénible; mais il devient le plus agréable par l'habitude.

Médite ces préceptes. Travaille à les mettre en pratique. Ils te conduiront sur la route de la félicité.

Les hommes sont le plus souvent les artisans de leurs malheurs. Infortunés!... ils ne savent pas voir les biens qui sont sous leurs yeux. Leurs oreilles se ferment à la vérité.

22.

PENSÉES MORALES
DE PHOCYLIDE. (1)
CHAPITRE PREMIER.

Que tes premiers respects soient pour la divinité; les seconds pour tes parens.

Respecte la pudeur; conserve toujours la bonne-foi. N'aie point un sentiment dans ton cœur, un autre sur tes lèvres.

Ne t'énorgueillis ni de tes richesses, ni de ta force, ni de ta sagesse.

Fuis toute action honteuse; conserve la tempérance. Ne suis point de dangereux exemples, et ne repousse l'injustice que par l'équité.

Ne trame point de ruses; ne trempe pas tes mains dans le sang. Sache mettre

---

(1) Ce philosophe et poëte grec vécut il y a 3200 ans.

un frein à ta colère, et commande à ta main. Trop souvent celui qui frappe devient meurtrier malgré lui.

Aie le faux témoignage en horreur. Que ta langue soit l'organe de la vérité. Dans tout ce que tu diras, sois toujours vrai; ne permets pas à ta bouche le mensonge. Tiens scrupuleusement la balance égale, et ne la laisse pencher d'aucun côté. Que tes jugemens soient dictés par la justice. S'ils étaient iniques, tu serais jugé à ton tour par Dieu même.

Crains en tout les extrêmes. En quelque chose que ce soit, la beauté résulte de la justesse des proportions.

Non content d'être juste, ne permets pas l'injustice. Sache vivre de ce que tu as justement acquis. Méprise les richesses que procure l'iniquité. Satisfait de ce que tu as, abstiens-toi de ce qui ne t'appartient pas.

Si tu possèdes des richesses, partage-les avec le malheureux, et que l'indigence reçoive une portion de ce que Dieu t'a donné.

Ne dis pas au malheureux de revenir demain : donne lui à l'instant même. Si tu ne peux rien lui donner, ne le rebute point. Ne sois pas pour le pauvre un créancier rigoureux.

Présente la main à celui qui tombe. Relève celui qui a fait une chûte. Secoure l'infortuné qui ne peut trouver d'appui. Souviens-toi que l'infortune est commune à tous les hommes, et que la félicité n'a rien de stable.

Ne ravis rien à personne : tout ravisseur est l'objet de l'exécration publique.

Ne reçois point en dépôt le fruit du larcin. Celui qui vole et celui qui recèle sont coupables du même crime.

C'est toujours être coupable, que de procurer au crime l'impunité.

Ne retiens pas le salaire de l'homme laborieux, et garde-toi d'opprimer ton semblable.

Ceins l'épée pour te défendre, et non

pour attaquer. Plût à Dieu que tu n'eusses jamais besoin de t'armer, même pour une juste cause !

Ne traverse pas le champ de ton voisin. Respecte son héritage. Respecte dans la campagne le fruit qui ne t'appartient pas.

Ne sois point prodigue. La prodigalité conduit à l'indigence. Mais ne sois pas avare ; car l'avarice est la mère de bien des crimes. C'est l'or qui conduit et égare les hommes.... Funeste métal, que tu es un guide infidèle ! toi seul causes notre perte ; par toi seul tout est renversé. Plût au ciel que tu ne fusses pas devenu pour nous un mal nécessaire ! C'est à toi que nous devons les combats, les rapines, les massacres. Par toi les pères ne trouvent quelquefois que de la haine dans le cœur de leurs enfans ; par toi les frères deviennent souvent les ennemis de leurs frères.

23.
PENSÉES MORALES
DE PHOCYLIDE.
CHAPITRE SECOND.

Compatis aux maux de tes semblables. Ne sois point ébloui de l'éclat des richesses et des dignités. L'excès de ces biens passagers et inconstans est funeste aux mortels. Plongés dans les délices, ils recherchent de nouvelles voluptés. Le trop grand pouvoir conduit à l'orgueil, et l'orgueil produit l'insolence.

Que les maux que tu as éprouvés ne troublent plus ton ame. Il est impossible que ce qui est fait ne le soit pas.

La persuasion produit les plus grands biens. Les querelles et les plaintes n'engendrent que de nouvelles plaintes. Au contraire, l'homme d'un caractère doux et aimable fait le bonheur de ses concitoyens.

Pour ton propre intérêt, mange, bois, parle avec mesure. Conserve en tout la modération. En tout, évite l'excès qui est toujours nuisible.

N'attire pas des flatteurs dans ta société, ni sur-tout des flatteurs parasites. Les premiers n'ont en vue que leurs intérêts ; les seconds n'aiment que les festins. Ils achètent un bon repas avec de lâches caresses, se piquent aisément, et ne sont jamais satisfaits.

Ne te laisse pas accabler par le malheur. Que les événemens heureux ne soient point pour toi l'objet d'une joie immodérée. Apprends à te conformer aux circonstances, et ne souffle jamais contre le vent. L'instant qui amène la douleur est suivi de l'instant qui amène la consolation.

Mortels, nous n'avons que peu de tems à vivre. Fortunés, défions-nous souvent dans la vie de ce qui paraît assuré ; infortunés, sachons, non braver le malheur, mais le supporter avec résignation, avec constance. Nos jours, nos mois, nos années ne sont que des instans dans l'immensité des siècles. Notre ame seule ne peut éprouver la vieillesse. Seule elle jouira d'une vie éternelle.

Dieu a distribué des armes à tout ce qui existe. L'oiseau a reçu la vitesse, et le lion, la force. Le taureau se défend par ses cornes, l'abeille par son aiguillon. La raison est la défense de l'homme.

La sagesse est inspirée par Dieu même. Rien n'est supérieur à la raison qu'elle conduit. Celui qui n'a que de la force, ne peut se mesurer avec la sagesse. C'est la sagesse qui règle les travaux du laboureur ; c'est elle qui régit les cités, c'est elle qui dompte les mers.

Homme, qui que tu sois, travaille. Tu dois payer ta vie par des travaux. Le paresseux fait un vol à la société. Devons à nous-mêmes notre subsistance, et ne l'achetons pas au prix de l'ignominie.

N'as-tu pas appris de métier!.... Va bêcher la terre. Donne-toi de la peine : tu ne manqueras pas de travaux Veux-tu te livrer à la navigation ? les mers te sont ouvertes. Veux-tu te livrer à des occupations champêtres ? les campagnes sont assez vastes.

Lorsque les fruits des campagnes dépouillées par le tranchant de la faucille viennent de récompenser les travaux du laboureur, les fourmis quittent leurs demeures souterraines. Elles recueillent le grain échappé de la gerbe et épars dans les guérets. Chacune d'elles prend sa charge, et est suivie par ses compagnes, portant le même fardeau. Ce petit peuple, faible et laborieux tout à-la fois, ne se laisse point vaincre par la fatigue.

Vois encore la diligente abeille : elle ne se livre pas à des travaux moins assidus. Elle fait son atelier ou de la fente d'un rocher, du creux d'un chêne antique, ou de la ruche que la prévoyante industrie lui a préparée. Elle y dépose le suc précieux qu'elle a recueilli de mille fleurs ; elle en forme des palais innombrables de cire ; elle distille le miel le plus délicieux.

Travaille donc. Si tu deviens riche, use sobrement de ce que tu possèdes, et ne te condamne pas, par de folles profusions, à une indigence méritée.

24
PENSÉES MORALES
DE PHOCYLIDE.
CHAPITRE TROISIÈME.

Ne cherche pas à briller par tes discours, mais à les rendre utiles.

Sois obligeant, remets dans son chemin le voyageur qui s'égare. Arrache à la fureur des flots le malheureux qu'ils vont engloutir.

De Phocylide.

Relève ton ennemi, s'il est tombé sur la route ; relève son cheval. Il est bien doux d'acquérir un ami sincère dans la personne de son ennemi.

Ne garde pas le célibat, si tu ne veux pas finir tes jours dans l'isolement et l'abandon.

Respecte les secondes noces de ton père ; révère sa nouvelle épouse comme ta mère, dont elle a pris la place.

Ne te livre point à des amours effrénées. C'est la plus dangereuse de toutes les passions.

Crains d'épouser une femme qui ne soit pas vertueuse. Que l'appât d'une funeste dot ne te rende pas l'esclave d'une femme indigne de toi.

Que les femmes ne se laissent pas non plus éblouir par l'éclat de l'or, et qu'elles refusent de méprisables époux, quelque riches qu'ils puissent être.

Abstiens-toi de toute union qui ne soit pas précédée d'un contrat, et qui ne soit fondée que sur la violence ou la séduction.

Lorsque tu auras choisi une épouse, et serré avec elle les nœuds de l'hyménée, chéris-la comme la compagne de ton sort. Quelle douceur, quelle félicité, quand une sage épouse est aimée de son époux jusqu'à la dernière vieillesse ! quand il lui rend toute la tendresse qu'elle lui prodigue, quand les querelles ne divisent pas ce couple heureux !

Ne montre pas à tes enfans un visage sévère. Que ta douceur gagne leur amour. Ne souffre pas qu'ils mettent dans leur parure une vanité et des recherches indignes d'une famille modeste et vertueuse.

Tes filles ont-elles reçu le dangereux avantage de la beauté ? veille sur elles avec la sollicitude d'un père, et défends-les des attaques de la licence. C'est une garde difficile que celle de la jeunesse unie à la beauté.

Aime ta famille, et fais-y régner la concorde. Respecte les cheveux blancs; cède le pas à la vieillesse, et ne lui dispute jamais les honneurs qui sont dus à cet âge vénérable. Aie pour le sage vieillard tous les égards que tu aurais pour ton père.

Donne à tes serviteurs une nourriture saine et suffisante. Veux-tu qu'ils te chérissent ? ne leur refuse pas ce qu'ils ont droit d'attendre de toi. N'abuse pas du pouvoir momentané que la fortune te donne sur eux. Songe que, s'ils ne peuvent se passer de toi, tu ne peux te passer d'eux ; qu'ils sont tes semblables, et que l'accord que vous avez fait ensemble, est un échange de services réciproques. N'ajoute donc pas de nouvelles peines à leurs maux, un nouvel avilissement à leur humiliation.

N'accuse jamais légèrement auprès de son maître un serviteur étranger.

Si ton inférieur est prudent, ne rougis pas de prendre ses conseils.

Telles sont les lois de la justice. Conformes-y ton cœur et ta conduite. La paix et le bonheur t'accompagneront jusqu'à la dernière vieillesse.

25.
PENSÉES MORALES
DE
PLUSIEURS SAGES DE LA GRÈCE. (1)

CHAPITRE PREMIER.

L'homme de bien honore la divinité, même par son silence. Il lui plaît, non par ses paroles, mais par ses actions.

Dieu ne peut éprouver la colère. Il

---

(1) Thalès, Solon, Epiménide, etc., qui vécurent il y a environ 2400 ans.

punira sans doute les coupables, mais sans être irrité.

Les paroles du sage ressemblent à ces baumes salutaires qui nous soulagent dans nos maux, nous réjouissent dans la santé. Ils nous donnent la tranquillité de l'ame.

Que nous dit la sagesse ? de nous connaître nous-mêmes, et d'éviter avec soin que l'amour-propre n'exagère notre mérite à nos propres yeux.

La bonne conscience est seule au-dessus de la crainte. L'homme sage met son esprit d'accord avec tous les mauvais esprits, comme le musicien sait accorder sa lyre.

Lorsque le vent est favorable, le prudent nocher se précautionne contre la tempête. Dans la prospérité, le sage se ménage des ressources contre l'infortune.

Observe la piété ; aie l'injustice en horreur ; contribue au bonheur de tes concitoyens ; réprime ta langue ; ne fais rien avec violence ; instruis tes enfans ; appaise les querelles : telles sont les leçons de la sagesse, et l'homme qui les met en pratique peut être appelé vertueux.

Garder le secret, bien employer son loisir, supporter les injures, sont trois choses bien essentielles au bonheur de l'homme.

La vertu est immortelle ; la volupté ne dure qu'un instant.

Redoute la volupté, elle est mère de la douleur.

Ne laisse pas ta raison tomber dans la langueur ; son sommeil est plus funeste que celui de la mort.

Désirer l'impossible, être insensible à la peine des autres, voilà les deux grandes maladies de l'ame.

Le plus malheureux des hommes, est celui qui ne sait pas supporter le malheur.

L'homme prudent sait prévenir le

mal ; l'homme courageux le supporte sans se plaindre.

Tu gémis de tes malheurs : si tu considérais tout ce que souffrent les autres, tu te plaindrais plus doucement de tes maux.

Il reste une bien douce consolation aux malheureux : c'est d'avoir fait leur devoir.

Tu supportes des injustices : console-toi ; le vrai malheur est d'en faire.

Il est beau de s'opposer aux attentats de l'homme injuste. Si tu n'en as pas le pouvoir, du moins ne te rends pas son complice.

On ne peut te reprocher aucune injustice... Ce n'est pas assez. Bannis même l'injustice de ta pensée. Ce ne sont pas seulement les actions, c'est encore la volonté qui distingue le bon du méchant.

Il se commettrait peu de crimes, si les témoins de l'injustice en étaient aussi indignés que les malheureux qui en sont les victimes.

Cruellement tourmenté par la conscience de ses crimes, l'homme injuste porte son supplice dans son sein.

Evite les fautes, non par crainte, mais parce que tu le dois.

Tu as fait une chose honteuse : commence à rougir de toi-même. Le coupable qui se repent n'est pas encore perdu.

26.

PENSÉES MORALES

DE

PLUSIEURS SAGES DE LA GRÈCE.

CHAPITRE SECOND.

Jamais ne te mets du parti des railleurs ; tu te ferais un ennemi de sa victime.

Ne te contente pas de reprendre ceux qui ont fait des fautes ; retiens encore ceux qui vont en faire.

Les peines que tu feras aux autres ne tarderont pas à retomber sur toi-même.

Ecoute beaucoup, et ne parle qu'à propos.

On ne te demande pas beaucoup de paroles ; on n'exige de toi que la vérité.

La fausseté ne peut long-tems se soutenir ; elle n'a qu'un instant pour tromper.

Fais ce que tu sais être honnête, sans en attendre aucune gloire.

Se livrer aux perfides insinuations du flatteur, c'est boire du poison dans une coupe d'or.

Soyons tempérans. C'est dans le sein de la tempérance que l'ame réunit toutes ses forces ; c'est dans le calme des passions qu'elle est éclairée de la véritable lumière.

Tu parles mal des autres... tu ne crains donc pas le mal qu'ils diront de toi ?

Ne te vante pas. Les hommes qui se vantent le plus ressemblent trop souvent à des armes dorées : le dehors semble précieux ; ôtez la superficie, vous ne trouverez qu'un vil métal.

Les envieux sont bien à plaindre d'être tourmentés par la félicité des autres, autant que par leurs propres malheurs.

L'amitié d'un seul sage vaut mieux que celle d'un grand nombre de fous.

La terre nous fait attendre une année entière ses présens. On recueille à chaque instant les doux fruits de l'amitié.

Ne donne pas à tes amis les conseils les plus agréables, mais les plus avantageux.

Répands sur eux tes bienfaits, afin qu'ils t'aiment plus tendrement. Répands-les aussi sur tes ennemis, afin qu'ils apprennent de toi à goûter les douceurs de l'amitié.

Quand tu parles de ton ennemi, songe qu'un jour peut-être tu deviendras son ami.

Que tes amis soient brillans de tout l'éclat de la fortune, ou accablés des plus affreux revers, qu'ils te trouvent toujours le même.

L'homme qui chérit celle qu'il a prise pour épouse, qui a pour elle les égards et les attentions dus à la mère de ses enfans, jouit d'une tranquillité désirable.

C'est un spectable bien doux, que celui d'un mari qui sait assez estimer son épouse pour lui faire part de ses desseins, la consulter dans ses entreprises, et lui prodiguer tous les soins qu'exige la faiblesse de son sexe ; et d'une femme qui ne connaît d'autre plaisir que celui de chérir son époux, de partager ses peines, de le consoler dans ses afflictions, et de concourir avec lui à l'éducation de leurs enfans.

Une femme qui ne veut plaire qu'à son époux, trouve sa parure dans sa vertu. Elle ne cherche pas à réunir, à captiver les suffrages quelquefois offensans des étrangers. L'attrait de sa sagesse et de sa modestie lui prête bien plus de charmes que l'or et les émeraudes. Son fard est la rougeur aimable de la pudeur. Ses soins économiques, son attention à plaire à son époux ; sa complaisance, sa douceur ; telles sont les parures qui relèvent sa beauté.

Une femme estimable regarde comme une loi sacrée la volonté de son époux.

Elle lui a apporté une riche dot, sa vertu. Car les richesses et la beauté de l'ame sont préférables à des charmes qui seront bientôt flétris, et aux présens trompeurs et passagers de la fortune. Une maladie peut effacer la beauté des traits ; celle de l'ame dure autant que la vie.

27.
PENSÉES MORALES
DE
PLUSIEURS SAGES DE LA GRÈCE.
CHAPITRE TROISIÈME.

Un bon père et une bonne mère ne négligent rien pour que leurs enfans leur ressemblent.

Ils savent qu'il en est des jeunes-gens comme des plantes ; que c'est à leurs premiers fruits qu'on connaît ce qu'on doit en attendre pour l'avenir.

La force et la beauté font le prix du coursier ; les bonnes mœurs, celui de la jeunesse et des hommes de tout âge.

Le devoir des pères et mères n'est pas de préparer leurs enfans à la volupté, mais de les former à la tempérance. S'ils entretiennent leur enfance dans la molesse, jamais ceux-ci n'auront la force d'y renoncer. Ils croyent les élever, ils ne font que les corrompre.

Est-il en effet de plus funeste corruption que celle qui détruit l'énergie de l'ame d'un enfant, qui énerve la force de son corps, et qui le rend incapable de résister aux plus faibles travaux ?

Craignez, pères et mères, de voir vos enfans se refuser au travail. Le travail est une préparation nécessaire à leur âge.

Eloignez d'eux la délicatesse, si vous voulez en faire des hommes. Que ferez-vous d'un enfant qui se met à pleurer à la moindre chose qui le contrarie ; qui se fâche, si l'on tarde un instant à lui donner à manger; qui refuse de prendre les alimens qu'on lui donne, si l'on ne lui présente pas les mets les plus friands ; qui tombe dans la langueur, lorsqu'il éprouve un peu de chaud, ou qui grelotte au moindre froid; qui boude et qui se pique si on le reprend; qui s'emporte, si on ne devine pas ses fantaisies, et qui ne contracte que des habitudes efféminées?

Soyez bien persuadés qu'une éducation voluptueuse ne produira jamais dans vos enfans que des esclaves de leurs caprices et de leurs passions. Apprenez-leur donc à braver les peines et les dangers; car un jour ils seront soumis aux fatigues, un jour ils connaîtront la douleur. Préparez les donc à n'être pas vaincus par elles.

Jetez dans leur cœur, jeune encore les semences de la vertu; que le beau seul ait des charmes pour eux; qu'ils frémissent à la seule pensée du vice; qu'ils aient des égards, de la complaisance pour leurs égaux, du respect pour leurs supérieurs; c'est ainsi que vous leur imprimerez pour toujours le caractère de l'honnêteté.

F 6

La négligence des parens dans l'éducation de leurs enfans est souvent pour eux la cause de bien des chagrins. La vigne qu'on ne cultive pas ne donne pas de fruits ; de même les enfans dégradés par le vice , ou par le défaut d'éducation , deviennent inutiles à la société.

Jeunes gens , aimez vos parens ; s'ils vous causent quelques désagrémens , apprenez à les supporter.

Un jour vous serez pères, et vous aurez droit d'attendre de vos enfans ce que vous-mêmes aurez fait pour les auteurs de vos jours.

Ne les contristez pas par des querelles d'intérêt. Un fils voulait plaider contre son père : Si votre cause est moins juste que la sienne , lui dit un homme de bien , vous serez condamné ; si elle est plus juste , on vous condamnera encore.

28.

PENSÉES MORALES

DE

PLUSIEURS SAGES DE LA GRÈCE.

CHAPITRE QUATRIÈME.

La société est bien gouvernée quand les citoyens obéissent aux magistrats, et les magistrats aux lois.

L'état est heureux quand les méchans ne peuvent y commander.

Que les hommes revêtus d'une grande puissance se la fassent pardonner par leur douceur ; qu'ils redoutent d'être craints ; qu'ils méritent d'être aimés.

En commandant aux autres, sache te gouverner toi-même. Ou n'approche pas des hommes puissans, ou dis-leur ce qu'il est utile qu'ils entendent.

Combien ne trouve-t-on pas de mortels opulens qui sont en même tems malheureux ! Mais on rencontre aussi des hommes qui vivent contens dans la médiocrité.

Il est impossible au même homme de rassembler en lui tout ce qui fait le bonheur. Un seul pays ne réunit pas les productions de toutes les espèces. S'il en a quelques unes, il lui en manque d'autres, et le meilleur de tous est celui qui en rassemble le plus. De même un seul homme ne possède pas tous les avantages. Il jouit de quelques-uns ; d'autres lui sont refusés. Mais celui qui en a constamment le plus grand nombre, et qui termine ses jours en homme bien, voilà l'homme que j'appelle heureux.

La famille qui n'a pas trop de richesses, et qui ne souffre pas la pauvreté, jouit d'un bonheur désirable.

Les maisons les plus heureuses sont celles qui ne doivent pas leur état d'opulence à l'injustice, qui ne conservent pas leurs richesses par la mauvaise foi, et qui ne s'exposent pas, par de folles dépenses, à des repentirs.

Bien des méchans s'enrichissent ; bien des hommes vertueux languissent dans la misère. Voudrions-nous donner notre vertu pour les trésors du méchant ? non. L'homme de bien ne consentira jamais à cet échange. Il peut conserver son cœur dans toute sa pureté, tandis qu'il sait que les richesses changent tous les jours de maîtres.

J'aime la maison où je ne vois rien de superflu, où je trouve le nécessaire, dont le maître est persuadé qu'il vaut mieux perdre que de faire un gain honteux.

Soyons riches sans orgueil, pauvres sans abattement, et n'insultons pas aux maux de l'infortuné.

Si l'ampleur des vêtemens embarrasse les mouvemens de notre corps ;

souvent une trop grande fortune gêne ceux de notre ame.

L'insensé ne fait usage de ses richesses que pour se nuire à lui-même. Ainsi le furieux tourne ses armes contre son propre sein.

Les avantages du corps et ceux de la fortune ne font pas le bonheur. Il ne se trouve que dans la droiture et l'équité.

Il n'est pas inutile d'acquérir des richesses ; mais rien n'est plus dangereux que d'en acquérir injustement.

Heureux celui qui, aux faveurs de la fortune, joint un jugement sain, un esprit droit ! Dans l'occasion il saura faire un bon usage de ses trésors.

N'appelons pas heureux celui qui fonde son bonheur sur des choses fragiles et périssables. Ne connaissons d'autres appuis que la Divinité et nous-mêmes.

Faisons du bien selon nos facultés. Il en coûte souvent si peu pour obliger l'humanité souffrante ! Un faible bienfait, répandu à propos, peut quelquefois sauver l'honneur ou la vie de celui qui le reçoit.... Mais dira-t-on, celui que je vais obliger est un fourbe qui ne reconnaîtra mes bienfaits que par son ingratitude... Que vous importe ? contentez votre cœur, faites du bien, et ne demandez pas de retour... C'est ainsi qu'agit l'homme bienfaisant.

Soyons toujours vertueux ; ne faisons pas nous-mêmes ce qui nous déplaît dans les autres ; tant que nous vivrons, cherchons à nous instruire, et souvenons-nous de ce conseil : que le sage se retire modestement de la vie comme d'un festin.

29.

PENSÉES MORALES
DE SOCRATE. (1)

CHAPITRE PREMIER.

Sur la Divinité.

Embrassez en imagination l'étendue de la terre et tant d'œuvres magnifiques, innombrables, le bel ordre de l'univers ; tout cela peut-il vous sembler l'ouvrage d'un aveugle hasard ?

Pouvez-vous même ne pas reconnaître la Providence dans l'organisation seule de l'homme ?

Ces paupières qui servent de portes à notre vue délicate, s'ouvrent quand

---

(1) Il naquit à Athènes il y a environ 2270 ans.

il nous plaît de faire usage de nos yeux ; elles se baissent quand nous nous abandonnons au sommeil. Les vents auraient pu offenser nos prunelles ; mais les cils sont comme des cribles qui les défendent ; et les sourcils, s'avançant en forme de toit au-dessus de nos yeux, ne permettent pas que la sueur les incommode en découlant de notre front.

Parlerai-je de l'ouie qui reçoit tous les sons, et ne se remplit jamais ; des dents, dont les unes coupent et les autres broient les alimens ? La bouche est destinée à recevoir ce qui excite l'appétit : c'est la Providence qui l'a placée près des yeux et des narines.

Eh quoi ! lorsque ces ouvrages sont faits avec tant d'intelligence, vous douteriez qu'ils sont le produit d'une intelligence, et vous ne reconnaîtriez pas un sage ouvrier !

Ajoutons qu'il a imprimé dans les pères l'amour de se reproduire dans leurs enfans ; dans les mères, le besoin de les nourrir ; dans tous les animaux, le plus grand désir de vivre, la plus grande crainte de mourir. Pouvez-vous méconnaître les soins d'un ouvrier qui veut que les êtres qu'il a créés existent ?

Ne croyez-vous pas avoir vous-même une intelligence ? et vous ne croiriez pas qu'il existe une intelligence hors de vous !

Je ne vois pas, dites-vous, l'ouvrier qui a produit ces chefs-d'œuvres……. Mais vous ne voyez pas non plus votre esprit qui gouverne votre corps. Dites donc aussi que vous faites tout par hasard, et rien par intelligence.

Vous reconnaissez la Divinité, mais vous ne croyez pas qu'elle prenne intérêt à ce qui regarde les hommes.

Dieu ne s'interresserait pas à nous ! lui qui nous a accordé, comme aux autres animaux, le goût, la vue, l'ouie ; mais qui nous a de plus permis de lever la face vers le ciel ! Par ce bienfait, nous voyons plus loin, nous regardons plus facilement au-dessus de nos têtes, nous prévenons plus sûrement les dangers. Il a attaché les autres animaux à la terre, et ne leur a donné que des pieds pour changer de place. Il nous a accordé des mains qui nous rendent bien supérieurs aux autres animaux. Il a rendu notre langue capable, par ses divers mouvemens combinés avec ceux des lèvres, d'articuler tous les sons, et de faire connaître aux autres toutes nos pensées.

Indépendamment de la bonté qu'il nous a témoignée dans la conformation de nos corps, Dieu nous a donné l'intelligence. Quel est l'animal qui puisse s'élever jusqu'à la connaissance du grand être, auteur de toutes les merveilles que nous admirons ? Quel autre sait, d'une manière étendue et sûre, prévenir la faim, la soif, les rigueurs opposées des saisons, guérir les maladies, augmenter ses forces par l'exercice, ajouter à ses connaissances par le travail, se rappeler au besoin ce qu'il a vu, ce qu'il a entendu, ce qu'il a appris ? Ne voyez-vous donc pas clairement que l'homme est comme un Dieu entre les autres animaux, qu'il est fait pour leur commander par la conformation de son corps et la supériorité de son ame ?

Avec tant d'avantages dignes de reconnaissance, vous vous croyez négligé par la Divinité ! Que faut-il donc qu'elle fasse pour vous persuader qu'elle s'occupe de vous ? Quoi ! votre pensée peut en même tems embrasser les événemens dont vous êtes témoin, et ceux qui se passent loin de vous, et Dieu ne pourrait embrasser à-la-fois tout l'univers ! Oui, Dieu voit tout d'un seul regard, entend tout, est par-tout, et prend soin de tout ce qui existe.

Mais si c'est une folie de ne pas reconnaître, dans tout ce qui existe, une

Providence divine, c'en est une encore plus grande de vouloir approfondir son essence. L'esprit humain ne saurait percer ces mystères. Contentez-vous de vous occuper des choses qui sont à la portée de l'homme. Examinez ce qui est honnête ou honteux, ce qui est juste ou injuste.

Les hommages rendus par la piété sont plus agréables à Dieu que les plus riches offrandes.

Que vos prières soient simples. Demandez à Dieu de vous accorder ce qu'il vous est utile d'obtenir, bien sûr qu'il connaît mieux que nous ce qui nous est véritablement avantageux.

30.
PENSÉES MORALES
DE SOCRATE.
CHAPITRE SECOND.

Sur la Tempérance.

Nourrissez-vous avec sobriété, et travaillez sans vous épuiser de fatigue. Ce régime est salutaire à la santé, et ne nuit point aux facultés de l'esprit.

L'homme qui s'adonne au vice, ou qui se laisse enchaîner par une passion, n'a plus la même force pour observer ses devoirs et pour s'interdire ce qu'il doit éviter.

Craignez les suites funestes d'une passion aveugle. Il n'est pas aisé de s'y exposer et de conserver sa sagesse.

Toutes les bonnes qualités peuvent s'acquérir par l'exercice, et la tempérance

rance aussi bien que les autres. Dès que les voluptés se sont emparées de notre ame, elles lui font abjurer toute retenue, et la soumettent en esclave aux appétis déréglés du corps.

Le débauché nuit, sans tirer aucun parti de ses vices; il fait du mal aux autres, mais il s'en fait bien plus à lui-même. N'est-ce pas la plus dangereuse de toutes les fureurs, de ruiner à-la-fois sa maison, son corps et son esprit.

Qui pourrait se plaire à la familiarité d'un homme qui préfère le vin, la bonne chère à ses meilleurs amis, et la compagnie des filles perdues, à la société la plus estimable ? On sait que la tempérance est le fondement de toutes les vertus; et l'on ne tâcherait pas d'en orner son ame ! Comment sans elle connaître le bien, comment s'en occuper ?

Il y a des gens qui placent le bonheur dans les délices et la magnificence; et moi je crois que n'avoir besoin de rien, c'est la félicité de Dieu; qu'avoir besoin

G

de peu de choses, c'est approcher de ce bonheur.

Evitez les excès du vin et de la bonne chère ; ne vous laissez vaincre ni par l'amour, ni par le sommeil ; résistez aux rigueurs de l'hiver et aux chaleurs de l'été ; supportez le travail et la peine.

Avec ces habitudes, vous serez propre au métier des armes, aux travaux de l'agriculture ; vous serez digne de commander aux autres : elles vous seront utiles dans mille autres circonstances de la vie.

C'est en vain que l'on cherche les plaisirs dans la mollesse, on n'y trouve que les soucis rongeurs.

Jeune homme, qui commences à te conduire par toi même, c'est le moment de te décider sur la route que tu dois prendre dans la carrière de la vie. La volupté et la vertu t'appellent : choisis.

Veux tu me donner ton cœur, te dit la volupté ? je te conduirai par une route agréable et facile, et je te ferai goûter tous les plaisirs, sans que tu éprouves jamais aucune peine. Evite les fatigues, méprise les affaires ; une seule te doit occuper, c'est de chercher les mets les plus délicieux, les boissons les plus exquises, ce qui flattera le plus tes oreilles et tes yeux, ce qui chatouillera tous tes sens avec le plus douceur, quelles beautés mériteront le plus de partager tes plaisirs, comment tu pourras dormir avec plus de mollesse.

Voilà les délices que je te promets ; ne crains pas qu'elles te manquent. Tu profiteras des peines des autres, tu ne refuseras aucun moyen d'en tirer avantage.

Tel est le langage de la volupté. Ecoutons celui de la vertu. Je n'étalerai pas à tes yeux, nous dit-elle, les charmes de la mollesse, mais je t'apprendrai la vérité. Tout ce qu'il y a de beau, d'honnête, c'est au prix d'un travail assidu que Dieu l'accorde aux mortels. Veux-tu qu'il te soit propice ? commence par le révérer... Que tes amis te chérissent?..

rends-leur tous les services qui sont en ton pouvoir.... Que ton pays t'honore?... sois-lui utile... Que la terre te prodigue ses fruits?... arrose-la de tes sueurs... Aimes-tu mieux devoir tes richesses à tes troupeaux...., il faut qu'ils partagent tous tes soins... Si tu recherches la gloire des armes, étudie l'art de la guerre, exerce-toi pour apprendre à le mettre en pratique... Veux-tu posséder la force du corps? fatigue-le par les travaux et par les sueurs.

La volupté t'offre de te conduire au bonheur par un sentier agréable et fort court. Mais quel bien peut connaître le voluptueux, de quels plaisirs peut-il jouir, lui qui éprouve les dégoûts de la satiété avant de sentir l'aiguillon du besoin, buvant toujours avant d'avoir soif, et mangeant sans éprouver jamais l'appétit? Il ne peut faire un bon repas sans un habile cuisinier; il ne peut boire avec plaisir, s'il n'a pas les vins les plus exquis; pour lui le sommeil n'aurait pas de douceur, s'il n'était étendu sur le duvet, s'il n'était entouré de riches rideaux, et si le travail le plus recherché n'ajoutait à sa couche un nouveau prix. Débile dans sa jeunesse, il finit par traîner une vieillesse insensée, rougissant de ce qu'il a fait; il a couru de plaisirs en plaisirs dans la fleur de l'âge, et s'est réservé les peines pour le dernier tems de sa vie.

L'homme, au contraire, qui fuit la mollesse et qui s'exerce à la vertu, n'a pas besoin d'apprêts pour faire des repas agréables. Le sommeil a pour lui des charmes inconnus à ces hommes lâches qui sont étrangers à la fatigue. Il se réveille sans chagrins, et ne se livre pas au repos quand le devoir lui impose de veiller encore. Jeune, il a le plaisir d'être loué par les vieillards; vieux, il jouit des respects de la jeunesse; il se ressouvient alors avec joie de ce qu'il a fait; il s'acquitte avec plaisir de ce qui lui reste à faire. Il est cher à ses amis, respectable aux yeux de ses concitoyens, agréable à la Divinité. Lors même qu'il a atteint le terme qui lui fut marqué, sa mémoire vit encore après lui, et son nom est répété avec attendrissement.

31.

PENSÉES MORALES
DE SOCRATE.
CHAPITRE TROISIEME.

Pensées diverses.

Un des préceptes les plus importans de la sagesse, est de se connaître soi-même.

Celui qui se connaît, sait ce qui lui est utile, ce que ses forces peuvent supporter, ce qu'elles refusent. En ne faisant que ce qu'il est capable d'entreprendre, il remplit ses besoins, et vit heureux. En s'abstenant de ce qu'il ne sait pas faire, il évite les fautes, et n'a pas la honte d'avoir mal fait. Il est en état de mettre les hommes à leur juste valeur, et de les employer utilement pour lui-même. Par leur secours, il s'épargne de grands maux.

Mais celui qui ne se connaît pas, et qui s'abuse sur ses facultés, ne sait pas mieux juger les autres hommes qu'il ne se juge lui-même; il ne sait ni ce qu'il lui faut, ni ce qu'il fait, ni ce qui peut lui être utile; il se trompe en tout, perd de grands avantages, et tombe dans de funestes inconvéniens.

Être homme de bien, ne pas chercher à le paraître, c'est le vrai chemin de la gloire.

L'imposteur le plus dangereux est celui qui trompe ses concitoyens, et leur persuade qu'il est capable de gouverner l'état.

Avant d'aspirer à gouverner l'état, gouvernez bien votre maison. Travaillez à vous instruire avant d'entreprendre.

Les ignorans ne recueillent que la honte et l'opprobre. Quand vous l'emporterez sur les autres par vos lumières, entrez dans les affaires publiques, et vous pourrez avoir des succès.

Conformez-vous aux lois de votre pays, vous remplirez les devoirs qu'exige la piété.

Celui qui est soumis aux lois observe la justice; celui qui leur résiste se rend coupable d'iniquité.

Tant que les citoyens obéissent aux lois, les états conservent leur vigueur et la plus brillante prospérité. Lorsqu'ils cessent d'y obéir, l'état cesse d'être bien gouverné; le désordre se met dans les familles, et la discorde règne dans la nation.

32.
PENSÉES MORALES
DE SOCRATE.
CHAPITRE QUATRIEME.

Sur l'amour que nous devons à nos parens.

Les bienfaits que nous avons reçus de nos parens, sont les plus grands de tous. Aussi l'ingratitude envers eux est l'injustice la plus criante.

C'est à nos parens que nous devons le spectable des merveilles de la nature ; c'est par eux que nous jouissons de tous les biens que Dieu a départis aux mortels.

Le mari nourrit sa femme qui doit le rendre père. Il amasse pour ses enfans, même avant leur naissance, ce qui sera nécessaire à soutenir leur vie ; il fait en leur faveur le plus d'épargnes qu'il lui est possible.

Mais la mère fait encore plus pour eux. Elle porte avec peine le fardeau qui la met en danger de sa vie ; elle nourrit de sa propre substance l'enfant qui est encore dans son sein ; elle le met au jour enfin avec de cruelles douleurs ; elle l'allaite et lui donne tous ses soins, sans qu'aucun bienfait reçu puisse encore l'attacher à lui, sans même qu'il puisse connaître celle qui lui prodigue tant de témoignages de sa tendresse. Il ne peut indiquer ses propres besoins, mais elle cherche à deviner ce qui lui convient, ce qui peut lui plaire ; elle ne cesse de se tourmenter nuit et jour, sans savoir quelle reconnaissance elle recevra de tant de peines.

Il ne suffit pas de nourrir les enfans : dès que l'âge les rend susceptibles de quelque instruction, leurs parens s'empressent de leur enseigner ce qu'ils savent, et ce qui pourra leur être utile un jour. Connaissent-ils quelqu'un plus capable qu'eux de les instruire ? ils les envoient recevoir ses leçons, et ne regrettent aucune dépense pour leur donner la meilleure éducation qu'ils puissent leur procurer.

Tu te plains, mon fils, de ce que ta mère te dit des choses dures. Mais depuis ton enfance combien de désagrémens plus insupportables ne lui as-tu pas causés ! combien tes cris ne lui ont-ils pas fait passer de mauvaises nuits ! combien tes actions, tes paroles ne l'ont-elles pas tourmentée pendant le jour combien de chagrins tes maladies ne lui ont-elles pas causés ! Si elle te fait des reproches, n'es-tu pas assuré qu'elle ne veut à personne autant de bien qu'à toi?

Tu as donc une tendre mère qui, dans tes maladies, prend de toi des soins assidus, qui néglige sa santé pour te rendre la tienne, qui tremble que tu ne manques de quelque chose, qui demande pour toi les bienfaits de la Providence dans les vœux qu'elle lui adresse.... Et tu n'aurais pas d'égards pour elle !... Tu ne seras donc pas capable de vivre parmi les hommes ?.... Dis-moi ; ne penses-tu pas que nos devoirs nous soumettent toujours à quelqu'un ? Ne seras-tu jamais obligé de plaire à personne, de suivre personne, d'obéir à personne, pas même à un général, pas même à un magistrat ? Ne faudra-t-il pas aussi que tu plaises à ton voisin, pour qu'il te permette au besoin de prendre du feu à son foyer, pour qu'il te rende de petits services dans l'occasion, pour qu'il te donne volontiers de prompts secours en cas d'accident ? Est-il indifférent d'avoir pour amis ou pour ennemis ses compagnons de voyage, de navigation, d'entreprises ? Ne crois-tu pas qu'il faille travailler à mériter leur bienveillance ?

Voilà bien des gens pour qui tu dois avoir des égards, et tu n'en aurais pas pour une mère qui t'aime autant qu'on puisse aimer ! Celui qui manque de respect à ses parens, n'est capable de rien de juste et d'honnête ; il doit être éloigné des magistratures ; il est regardé avec horreur. Comment, en effet, ne pas croire que celui qui a des procédés offensans pour les auteurs de ses jours, payera les bienfaits autrement que de la plus noire ingratitude.

33.

PENSÉES MORALES D'ARISTOTE. (1)

Quelle chose peut rendre heureux dans ce monde ?

---

(1) Il naquit en Macédoine il y a environ 2183 ans, enseigna la philosophie à Athènes, et fut précepteur d'Alexandre.

Ce ne sont pas les plaisirs des sens ; qui, outre qu'ils ne sont pas de durée, causent du dégoût, affaiblissent le corps, et abrutissent l'esprit.

Ce ne sont pas les honneurs qui font le tourment des ambitieux, et les portent souvent à commettre des actions injustes pour les obtenir ou pour les conserver.

Ce ne sont pas non plus les richesses qui rendent malheureux celui qui les garde, ou qui craint de s'en servir.

La félicité consiste dans la sagesse et la prudence ; la santé, et des richesses dont on fait un bon usage, augmentent cette félicité.

Le vice seul suffit pour rendre malheureux. Et quand un homme serait dans une très-grande abondance, et qu'il jouirait d'ailleurs de toutes sortes d'avantages, il ne pourrait jamais être heureux tant qu'il serait livré au vice.

L'étude contribue beaucoup à faire

aimer la vertu ; c'est la plus grande consolation qu'on puisse avoir dans la vieillesse.

Il y a autant de différence entre les savans et les ignorans, qu'entre les vivans et les morts.

La science est un ornement dans la prospérité, et un refuge dans l'adversité.

Ceux qui donnent une bonne éducation aux enfans, en sont bien davantage les pères que ceux qui les ont engendrés, puisque les uns ne leur ont donné que la vie, et les autres leur ont donné les moyens de la passer heureusement.

Les disciples qui veulent faire beaucoup de progrès, doivent toujours s'efforcer d'atteindre les plus avancés, et ne point attendre ceux qui sont après eux.

Ne faites gloire d'appartenir à une illustre patrie, qu'autant que vous êtes digne d'en être membre.

Que gagnent les menteurs ? C'est qu'on ne les croit pas, lors même qu'ils disent la vérité.

Il y a des gens qui amassent du bien avec autant d'avidité que s'ils devaient vivre toujours. D'autres dépensent ce qu'ils ont, comme s'ils devaient mourir le lendemain.

Un ami est une même ame dans deux corps.

Le fruit qu'on retire de la sagesse ; c'est de faire de son plein gré ce que d'autres ne font que par la crainte des lois.

34.

PENSÉES MORALES
D'ISOCRATE. (1)
CHAPITRE PREMIER.

Ce qui sied davantage à la jeunesse, c'est la modestie, la pudeur, l'amour de la tempérance et de la justice. Ce sont là les vertus qui doivent former son caractère.

S'il vous arrive de commettre quelqu'action honteuse, ne vous flattez pas qu'elle puisse rester absolument ignorée. Mais quand vous pourriez la dérober à la connaissance des autres, ne sera-t-elle pas connue de vous ?

Ne recherchez jamais que des plaisirs

(1 Il naquit à Athènes il y a 2235 ans.

honnêtes. Les plaisirs sont un bien quand ils s'accordent avec l'honnêteté ; ils deviennent un mal dès qu'ils s'en écartent.

Tout ce que vous faites, faites le comme devant être su du public. Ce que vous aurez caché pendant quelque tems se découvrira par la suite.

C'est sur-tout en ne vous permettant pas vous-même ce que vous désapprouvez dans les autres, que vous mériterez d'être estimé.

Tout ce que vous avez de loisir, employez-le à écouter les gens instruits. Par là vous apprendrez sans peine ce qu'ils n'ont appris que par un long travail.

Ne vous contentez pas de louer les gens de bien : imitez-les.

De toutes nos possessions, la sagesse seule est immortelle.

Soyez poli dans vos manières et affable dans vos discours. La politesse et l'affabilité se concilient tous les cœurs. La politesse défend de se montrer chagrin et contredisant, de heurter de front ses amis lorsqu'ils s'emportent même sans sujet. Elle veut qu'on leur cède dans la colère, et que pour les avertir on attende qu'elle soit calmée. L'homme civil oblige autant par ses manières que par ses services, et craint d'imiter ces sortes d'amis qui choquent même en obligeant. Il évite ce ton de reproches et de réprimandes qui ne fait que révolter et aigrir les esprits.

Civil envers tout le monde, ne vous familiarisez qu'avec les gens vertueux : c'est le moyen d'éviter l'inimitié des uns, et de vous concilier l'amitié des autres.

Préparez-vous, par des travaux volontaires, à supporter les fatigues quand il en sera besoin.

Travaillez à maîtriser l'adversité ainsi que les passions auxquelles ils vous serait honteux d'être assujéti, la cupidité, la colère et la volupté. Vous ne vous laisserez pas asservir par la cupidité, si vous comptez pour un gain tout ce qui peut augmenter votre gloire plutôt que vos richesses. Vous saurez réprimer la colère, si vous vous montrez disposé à l'égard de ceux qui commettent des fautes, comme vous voudriez qu'on le fût à votre égard, si vous en aviez commis vous-même. Vous ne vous laisserez pas dominer par les plaisirs, si vous regardez comme une honte d'obéir à la volupté. Enfin, vous vous affermirez contre l'infortune, en jetant les yeux sur les misères d'autrui, et en vous rappelant que vous êtes homme.

Soyez aussi religieux à tenir votre parole, qu'à garder un dépôt. Celui qui se pique de vertu doit être si exact dans tous ses engagemens, que sa simple parole soit plus sûre que le serment des autres.

35.
PENSÉES MORALES
D'ISOCRATE.
CHAPITRE SECOND.

Avant de vous lier avec quelqu'un, sachez comment il s'est conduit dans ses premières amitiés. Il est à croire qu'il n'en usera pas autrement avec vous qu'il n'en usait avec les autres.

Soyez aussi difficile à former des attachemens, qu'attentif à ne pas les rompre. Il est aussi honteux de changer sans cesse d'amis, que de n'en pas avoir.

Vous connaîtrez vos amis à l'intérêt qu'ils prendront à vos disgraces, et au zèle qu'ils montreront dans vos détresses. C'est dans le creuset qu'on éprouve l'or ; c'est dans l'adversité que l'on reconnaît l'ami véritable.

Un des principaux devoirs de l'amitié est de prévenir les demandes de ses amis, et de s'offrir de soi-même pour les secourir dans l'occasion.

Cherchez dans vos habits la propreté, non le luxe : le luxe ne se plaît que dans une ostentation vaine ; la propreté s'en tient à une décence honnête.

Le flatteur et le trompeur doivent vous être également odieux. Ils sont également à craindre pour quiconque leur donne sa confiance.

Fuyez les occasions de boire ; mais si la société vous y engage, retirez-vous avant d'être surpris par le vin. L'esprit une fois troublé par l'ivresse, est comme ces chars dont les chevaux, ayant jeté bas leur conducteur, sont abandonnés à eux-mêmes, et se précipitent au gré de la fougue qui les emporte. De quels écarts l'homme n'est-il pas capable, quand la raison ne le conduit plus!

Soyez lent à résoudre et prompt à exécuter.

Si vous êtes en place, évitez d'employer des hommes vicieux, bien persuadé qu'on vous imputera ce qu'ils pourront faire de mal.

Sortez des emplois plus estimé, non plus riche. Les éloges du public sont préférables aux richesses.

N'enviez pas la fortune du méchant qui prospère, mais plutôt le sort de l'homme de bien qui ne méritait pas de souffrir. Celui-ci, n'eût-il pour le présent aucun autre avantage, aura toujours, de plus que l'homme injuste, l'espoir d'un heureux avenir.

Contentez-vous d'un soin raisonnable pour ce qui regarde le corps; mais cultivez soigneusement votre esprit.

Fortifiez votre corps par le travail, et votre esprit par l'étude.

Il n'est rien de stable ici-bas. Que cette vérité vous soit toujours présente, et vous ne vous laisserez ni transporter par la joie dans la prospérité, ni abattre par la douleur dans la disgrace.

Redoutez plus l'infamie que le danger. Il n'y a que le méchant qui doive craindre la mort ; l'homme de bien ne doit appréhender que l'ignominie.

Ne vous jetez pas dans le péril sans nécessité ; mais s'il vous faut courir les hasards de la guerre, ne craignez que la honte, et ne cherchez votre salut que dans votre courage. Mourir est la destinée commune des hommes ; mourir avec gloire est le privilége de l'homme vertueux.

HYMNE

36.

HYMNE
DE CLÉANTHE. (1)

O père des humains, auteur de la nature!
O sagesse infinie! ô loi sublime et pure !
Unité souveraine, à qui tous les mortels
Sous mille noms divers élèvent des autels,
Je t'adore! Nos cœurs te doivent leur hommage;
Nous sommes tes enfans, ton ombre, ton image;
Et tout ce qui respire, animé par tes mains,
A célébrer ta gloire invite les humains.
Béni sois à jamais! Ma voix reconnaissante
Consacre ses accens à ta bonté puissante.
Tu régis l'univers. Ce tout illimité,
Qui renferme la terre en son immensité,
Ce tout harmonieux émané de toi-même,
S'applaudit d'obéir à ton ordre suprême.

---

(1) Philosophe Stoïcien, né en Asie il y a 2050 ans.

Ton soufle intelligent circule en ce grand corps,
En féconde la masse, en meut tous les ressorts.
La foudre étincelante en ta main redoutable,
Porte un effroi vengeur dans l'ame du coupable.
Présent à tous les tems, tu remplis tous les lieux :
La terre, l'océan, le ciel t'offre à nos yeux.
Tout dérive de toi ; j'en excepte nos vices,
Nos injustes projets, nos fureurs, nos caprices.
Par toi l'ordre naquit du cahos étonné :
Chaque être tient le rang par toi seul assigné ;
Par toi des élémens la discorde est bannie ;
Et des biens et des maux la constante harmonie,
Les enchainant entr'eux par un secret lien,
Forme de leur accord une source de bien.
L'homme insensé, qu'aveugle un jour perfide et
    sombre,
Cherche par-tout ce bien, et n'en saisit que
    l'ombre.
Ta loi seule, ta loi, vrai flambeau des humains,
De la félicité leur montre les chemins.
Mais l'un dort inutile au sein de la paresse ;
L'autre boit du plaisir la coupe enchanteresse :
De la soif des grandeurs cet autre est dévoré,
Ou sèche auprès de l'or dont il est altéré.
Grand dieu, père du jour, et maître du tonnerre,
Du crime et de l'erreur daigne purger la terre ;
Affranchis la raison du joug de ses tyrans.
Laisse, laisse entrevoir aux mortels ignorans

Des éternelles lois le plan sage et sublime.
Puisse alors de nos cœurs le concert unanime
Te rendre un pur hommage égal à tes bienfaits,
Et digne enfin de toi, s'il peut l'être jamais !

37.
PENSÉES MORALES
DE CICÉRON. (1)
CHAPITRE PREMIER.

En écartant la superstition ; conservons la religion inaltérable.

La beauté de la création, l'ordre majestueux des corps célestes, nous obligent d'avouer qu'il existe un être éternel et puissant, nous forcent à le reconnaître et à l'admirer.

Quel est l'homme sensible que ne portent point à la reconnaissance en-

_____
(1) Il vivait à Rome il y a 1900 ans.

vers le premier être, le cours réglé des astres, les vicissitudes des jours et des nuits, les différentes températures des mois, tant de richesses qui naissent pour nous? Sans doute il existe dans la nature une suprême intelligence. Eh! qui osera combattre une opinion aussi utile? Peut-on ne pas reconnaître les avantages que l'on doit à ce sentiment religieux? Ignore-t-on combien la crainte de la justice divine arrache de malheureux au crime, et combien est sainte la société des citoyens qui ont Dieu même pour témoin et pour juge?

Nous ne sommes pas mortels : notre corps seul est sujet à la mort; c'est l'ame qui constitue l'homme, et non cette forme extérieure qui sert à nous faire reconnaître. Un Dieu éternel meut ce monde mortel : une ame incorruptible fait agir nos fragiles organes

Conduit seulement par la sensibilité physique, l'animal n'est occupé que du présent ; mais l'homme éclairé par la raison, qui lui fait connaître les conséquences des choses, enchaîne le présent à l'avenir, embrasse d'un coup d'œil le cours entier de la vie, et prépare ce qui lui est nécessaire pour en remplir la durée.

La raison de l'homme a pénétré jusqu'au ciel même. Seuls de tous les animaux, nous connaissons le lever des astres, leur coucher et leur cours : c'est l'homme qui a marqué les limites des jours, des mois et des années. Les éclipses du soleil et de la lune sont prévues ; on les prédit pour le long avenir ; on marque leur grandeur, leur tems et leur durée. L'homme doit à ce grand spectacle la connaissance de Dieu, d'où naissent la piété, la justice et toutes les vertus : elles seules peuvent nous procurer le bonheur qui nous rapproche de la divinité.

Que chacun de nous embrasse le ciel, la terre et les mers, tous les objets que lui offre la nature ; qu'il saisisse, en quelque sorte, par la pensée, l'être qui les gouverne et leur impose des lois ; qu'il se contemple lui-même, non pas renfermé dans d'étroites murailles, non pas resserré dans un coin de la terre, mais citoyen du monde entier. Du haut de ces sublimes méditations, que lui procureront le spectacle et la connaissance de la nature, comme il saura bien se connaître lui-même ! comme il dédaignera, comme il trouvera viles toutes les futilités auxquelles le vulgaire attache un si grand prix !

Il sentira qu'il possède en lui-même quelque chose de divin, et dès-lors il n'aura que des pensées, il ne fera que des actions dignes de ce présent du créateur.

Dieu ne nous a pas formés pour n'être occupés que de jeux et de bagatelles ; il nous a plutôt destinés à une sorte de sévérité, et à des occupations graves et importantes. S'il est quelquefois permis de se livrer aux jeux et aux amusemens, c'est comme on s'abandonne au repos et au sommeil, après avoir satisfait aux affaires sérieuses.

Il est une première loi, éternelle, invariable et gravée dans le cœur de tous les hommes : c'est la droite raison. Ce n'est jamais en vain qu'elle parle à l'homme vertueux, soit qu'elle ordonne, soit qu'elle défende : les méchans seuls ne sont pas touchés de sa voix. Facile à comprendre, elle n'est pas différente dans un pays et différente dans un autre : elle est aujourd'hui ce qu'elle sera demain : elle oblige toutes les nations, et dans tous les tems, ou plutôt c'est Dieu même qui, par elle, conduit tous les hommes et leur commande. L'audacieux qui, s'oubliant lui-même et foulant aux pieds l'humanité, ne craint pas d'attenter à la droite raison, trouve la punition dans son crime même, quand il pourrait se soustraire aux châtimens des hommes.

38.

PENSÉES MORALES
DE CICÉRON.
CHAPITRE SECOND.

Tous les peuples sont partagés par des opinions diverses ; ils sont soumis à des usages différens ; mais ils reconnaissent tous la loi éternelle. Est-il, en effet, un seul peuple sur la terre qui ne respecte pas la bonté, la douceur, la reconnaissance ? En est-il un qui ne méprise pas, qui n'ait pas en horreur l'orgueil, la méchanceté, la cruauté, l'ingratitude ? Le créateur, qui a voulu lier les hommes entr'eux par un commerce mutuel et des rapports réciproques, les a créés amis de la justice.

La raison, inspirée par l'auteur de la nature, a suffi, dès les premiers âges du monde, pour exciter au bien, pour détourner du crime : elle obligea avant que les lois fussent écrites.

Si la justice n'était que l'obéissance aux lois écrites, on aurait droit de les négliger ou de les enfreindre dès qu'on le pourrait impunément.

Si la crainte du supplice, et non l'horreur du crime, devait seule nous arracher aux forfaits et à l'iniquité, nul homme ne serait injuste, et les méchans ne seraient que des maladroits. Si l'amour de la vertu ne nous conduit pas, si nous ne sommes gens de bien que parce que nous y voyons notre profit, nous sommes rusés, mais nous ne sommes pas réellement gens de bien. Que fera dans les ténèbres celui qui ne craint que le témoignage et le jugement des hommes ! Que fera-t-il s'il trouve à l'écart un être faible, chargé de beaucoup d'or, et qu'il pourra facilement dépouiller ? Si vous êtes vraiment honnête et juste, vous vous approcherez de ce malheureux égaré, vous lui parlerez, vous lui prêterez des secours, vous le remettrez dans son chemin. Mais est-il difficile de prévoir le parti que prendra celui qui ne fait rien pour les autres, et qui mesure tout sur ses intérêts ?

Imposons à nos désirs de se soumettre à la raison ; qu'ils soient toujours tranquilles, et que jamais ils ne portent le trouble dans notre ame. C'est de là que résultent la sagesse, la constance et la modération.

L'auteur de la nature ne s'est pas montré assez ennemi du genre humain, pour lui avoir prodigué tant de substances utiles au corps, sans avoir rien fait pour l'ame. Les remèdes pour les maladies de l'ame sont dans la raison, qui, sagement conduite, aperçoit toujours le plus grand bien, et qui, négligée, s'embarrasse de mille erreurs.

Qu'y a-t-il de plus beau, de plus avantageux à l'homme, de plus digne de lui, que la raison ? Que peuvent estimer ceux qui la méprisent ?

C'est elle qui nous dirige dans les sentiers de la vie, qui nous attache à la vertu, et qui nous éloigne du vice. Elle a réuni les hommes en sociétés; elle les a liés entr'eux en rapprochant leurs habitations ; elle a resserré leurs nœuds par l'union conjugale ; elle a adouci leur société par l'heureuse communication de l'écriture et de la parole : c'est à elle que nous devons les lois ; elle est notre consolation dans l'adversité. Un seul jour passé suivant ses préceptes est préférable à une coupable immortalité. Elle assure la tranquillité de nos jours, et nous arrache aux terreurs de la mort.

On s'est insensiblement écarté de la vérité ; on est venu jusqu'à séparer l'honnête de l'utile, jusqu'à supposer qu'il y a quelque chose d'honnête qui n'est pas utile, et quelque chose d'utile qui n'est pas honnête. Il est impossible de concevoir une opinion plus fausse à-la-fois et plus pernicieuse, plus funeste aux bonnes mœurs. Ce qui est honteux ne peut jamais être utile, quand même il nous ferait acquérir ce que nous appelons de grands avantages.

Rien de plus aimable que la vertu, rien qui gagne plus sûrement les cœurs. Nous aimons les hommes que nous n'avons jamais vus, sur le seul récit de leurs belles actions et de leurs bonnes qualités.

Ce n'est pas la justice des hommes, trop souvent trompée, c'est la conscience qui fait la peine du méchant ; c'est le remords dévorant et le souvenir rongeur de son crime.

C'est un grand pouvoir que celui de la conscience : il ne se fait pas moins sentir, lorsqu'il ôte toute crainte à l'innocent, qu'en offrant sans cesse au coupable tous les supplices qu'il a mérités.

Le lâche, l'insensé, le méchant ne peuvent être heureux : mais l'homme honnête, l'homme courageux, le sage, ne peuvent être misérables. L'homme ferme et vertueux ne se repent jamais d'avoir bien fait, quand il ne verrait, pour prix de ses vertus, que les apprêts de son supplice.

Personne n'est libre que le sage. Quest-ce, en effet, que la liberté ? le pouvoir de vivre conformément à ses désirs. Et quel est l'homme qui vit comme il veut ? N'est-ce pas celui qui suit la justice, qui se plaît à son devoir, qui d'avance s'est imposé des règles pour tout le cours de sa vie ; celui qui ne se soumet pas aux lois par la crainte, mais qui les suit, qui les respecte, parce qu'il pense que rien n'est plus utile qu'elles ; celui qui juge les choses d'après lui-même ; celui enfin qui maîtrise la fortune que l'on croit si puissante ?

39.
PENSÉES MORALES
DE CICÉRON.
CHAPITRE TROISIEME.

Le lien le plus étroit de la société, c'est la ferme persuasion que l'homme ne doit rien enlever à l'homme, et qu'il vaut mieux supporter les disgraces de la fortune, les maladies du corps, les maux de l'esprit, tout ce qui peut enfin nous arriver de funeste, que de pécher contre la justice.

L'honnête homme, près de périr de faim, ne pourra-t-il donc arracher la subsistance à quelque misérable qui n'est bon à rien ?... Non, sans doute ; car il est moins utile de vivre, que d'être bien persuadé qu'on ne doit faire de tort à personne.

Puisqu'il ne nous est pas accordé de vivre avec des hommes parfaits, ni d'une sagesse consommée, et que c'est beaucoup de trouver dans la société ordinaire quelque faible image de la vertu, gardons-nous de négliger les personnes en qui nous remarquons des qualités louables ; mais cultivons surtout ces caractères heureux, ces ames brillantes des vertus qui font le charme de la vie. Ces vertus sont la modestie et la modération.

Ayons grand soin de marquer une sorte d'amour et de respect à ceux avec qui nous conversons.

Evitons de donner, par nos discours, une mauvaise idée de notre caractère : c'est ce qui ne manquera pas d'arriver, si nous cherchons l'occasion de détruire les absens , de les couvrir de ridicule , de les juger avec dureté , de les déchirer par la médisance , de les couvrir d'opprobre.

Dans les contestations que nous pourrons avoir avec nos ennemis , lors même qu'ils s'oublieront jusqu'à nous accabler d'injures , faisons un effort sur nous-mêmes , gardons notre sang-froid , réprimons les accès de la colère. Si nous nous laissons une fois troubler , nous ne saurons plus observer de mesure , et nous finirons par voir s'élever contre nous tous ceux qui pourront nous entendre.

Donnons avec noblesse , retirons sans dureté ce qu'on peut nous devoir. S'agit-il de vendre , de louer , de régler avec nos voisins les limites de nos possessions , dans toutes nos affaires enfin , montrons-nous justes et faciles. Evitons les procès autant qu'on peut raisonnablement le faire , j'oserais même dire un peu plus qu'on ne le peut raisonnablement ; car ce n'est pas seulement une générosité, c'est souvent un grand avantage de relâcher quelque chose de ses droits.

Ne regardons comme un mal rien de ce qu'a déterminé l'auteur de la nature. Nous n'avons pas été créés par un aveugle hasard : il est une puissance qui veille sur le genre humain ; et elle ne l'aurait pas formé, elle ne l'aurait pas conservé, pour le faire tomber, après un long cours de misère, dans le mal éternel de la mort.

Regardons plutôt la mort comme un asyle qui nous attend, comme un port assuré.

La mort devient facile à supporter, quand on peut se consoler en ses derniers instans par le souvenir d'une belle vie.

Il ne nous est pas permis de quitter la vie sans l'ordre de celui dont nous l'avons reçue : ce serait abandonner le poste qui nous a été assigné par Dieu même.

40.
PENSÉES MORALES
DE CICÉRON.
CHAPITRE QUATRIÈME.

Sans gouvernement, une maison, une ville, une nation, le genre-humain, le monde entier ne peuvent subsister.

Celui qui commande doit obéir quelquefois.

Celui qui obéit avec modestie paraît digne de commander un jour.

Diriger, ordonner ce qui est juste, ce qui est utile, ce qui s'accorde avec les lois, telles sont les fonctions des magistrats. Les lois commandent aux magistrats, ceux-ci aux citoyens; et l'on peut bien dire que le magistrat est une loi parlante, et la loi un magistrat muet.

Le devoir du magistrat est de se souvenir qu'il représente l'état, qu'il est chargé d'en soutenir la gloire et la dignité, et de maintenir les lois.

Celui de l'homme privé, est de vivre avec ses concitoyens sans bassesse, sans abjection et sans hauteur, de ne rien vouloir que d'honnête, et de contribuer, par sa conduite, à maintenir le repos de la société.

Le meilleur moyen de conserver sa puissance, c'est de se faire aimer. C'est une mauvaise escorte que la terreur, mais la bienveillance est toujours une garde fidelle.

Plaçons nos bienfaits sur ceux qui en ont le plus grand besoin. C'est à quoi l'on manque souvent. On s'empresse d'obliger ceux dont on espère le plus, et qui n'ont besoin de rien.

Les hommes vraiment généreux ne sont pas ceux qui dissipent leurs richesses à donner des festins et des jeux : ce sont ceux qui consacrent leur fortune à t`rer de la misère des familles vertueuses, à les établir, et à leur donner des secours à propc

Quel est l'homme qu'on peut appeler riche ? Celui dont la fortune lui suffit pour vivre honnêtement, qui est content, qui ne cherche, qui ne désire rien de plus. C'est en effet le cœur de l'homme, et non son coffre-fort, qui doit être riche. Si vous avez une foule de passions capables d'engloutir des trésors, comment voulez-vous que je vous appelle riche, lorsque vous sentez vous-même toute votre misère ?

Jamais la soif de la cupidité ne peut s'étancher, jamais elle n'est satisfaite ; on est tourmenté par le désir d'augmenter ce qu'on possède; on l'est aussi par la crainte de le perdre.

Ce n'est pas le compte de nos revenus, c'est notre manière de vivre qui fait notre richesse. Etre sans cupidité, c'est un fonds assuré. Ne rien acheter par caprice, c'est un revenu. Etre content de ce qu'on possède, c'est la plus grande, c'est la plus certaine des fortunes.

Le meilleur héritage qu'un père puisse laisser à ses enfans, héritage préférable aux plus riches patrimoines, c'est la gloire de ses vertus et de ses belles actions. Les enfans doivent conserver intact un si précieux héritage. Imprimer une tache à la gloire de ses ancêtres, c'est un crime, c'est une impiété.

C'est le devoir de la jeunesse de respecter les hommes avancés en âge, de choisir entr'eux ceux à qui leur sagesse a mérité la meilleure réputation, et de se conduire par leurs conseils et leur autorité ; car la jeunesse doit être éclairée et conduite par la prudence des vieillards. Il faut sur-tout l'éloigner des plaisirs licencieux, et former son corps et son esprit au travail et à la patience, afin de lui préparer toute la vigueur nécessaire aux travaux de la guerre et de la paix.

Le respect et l'amour de la jeunesse font le charme de l'âge avancé. Comme les sages vieillards se plaisent à la conversation des jeunes-gens qui montrent un heureux caractère, de même la jeunesse honnête aime à recevoir les leçons des vieillards, et à se laisser guider par eux dans la pratique de la vertu.

La plus douce, la plus solide des unions, est celle qui forment les personnes honnêtes, également liées par la conformité de leurs vertus et par les nœuds de l'amitié ; car la vertu nous attire par un charme puissant, et nous porte à chérir ceux qui paraissent l'aimer. Est-il rien de plus touchant, de plus intéressant que l'heureux accord des bonnes mœurs ? Des amis qu'ont rapprochés les mêmes inclinations, les mêmes goûts, le même penchant à la vertu, se chérissent mutuellement autant qu'ils s'aiment eux-mêmes.

Combien notre bonheur ne perdrait-il pas de ses charmes, si personne ne daignait s'en réjouir ! Que nos malheurs seraient durs à supporter, sans un ami qui les ressentit encore plus vivement que nous-mêmes !

Mais quel amour est comparable à celui de l'amour de la patrie ? Nous aimons les auteurs de nos jours, nous chérissons nos parens, nos enfans, nos amis ; mois ces différentes affections, la patrie les embrasse toutes. Eh ! quel bon citoyen refuserait de mourir pour elle, si, par sa mort, il pouvait la servir ?

41
PENSÉES MORALES
DE PLUTARQUE. (1)

On croit communément que c'est des habits dont on est vêtu, qu'on tire sa chaleur. Mais ces habits étant eux-mêmes froids, comment pourraient-ils échauffer le corps ? Ne voyons-nous pas, au contraire, que, pendant les grandes chaleurs, ou dans l'ardeur de la fièvre, on change souvent de linge et d'habits pour se rafraîchir ? L'homme porte donc la chaleur en lui-même ; et les vêtemens, en serrant le corps, retiennent ce feu naturel, et l'empêchent de s'évaporer et de se répandre.

---

(1) Il naquit en Béotie, et vécut partie à Rome, partie dans sa patrie, il y a environ 1800 ans.

Une erreur à-peu-près semblable en morale, fait croire à la plupart des hommes, qu'en s'entourant de riches maisons, de meubles magnifiques, de monceaux d'or et d'argent, ils jouiront du bonheur. Mais est-ce du dehors que peut venir à l'homme la douceur et le charme de sa vie ? N'est-ce pas plutôt de la sagesse de ses mœurs que découlent, comme d'une source heureuse, ses plaisirs et ses joies véritables ?

C'est le contentement de l'ame qui rend agréable la possession des richesses : c'est de lui que la puissance et la gloire tirent leur éclat le plus solide. La douceur et la facilité du caractère font supporter avec égalité l'indigence et la vieillesse.

Il n'est pas de genre de vie que la vertu ne rende agréable et commode ; mais avec le vice, la gloire, les richesses et les honneurs nous déplaisent et nous tourmentent.

I

En quoi consiste donc le plaisir du vice, s'il est toujours accompagné d'inquiétudes et de peines, si jamais il ne goûte ni satisfaction ni repos ? Les plaisirs des sens dépendent nécessairement de la bonne disposition du corps : de même il ne peut y avoir pour l'ame de joie véritable, si une tranquille sécurité, si un calme inaltérable ne sont les fondemens de ses plaisirs. Une espérance flatteuse pourra lui sourire un instant ; mais bientôt les soucis et les alarmes viennent étouffer cette joie naissante, comme un orage impétueux trouble la sérénité de l'air. Vous aurez beau être riche, si vous ne domptez pas vos passions, si une insatiable cupidité vous dévore, si vous êtes en proie aux craintes et aux sollicitudes, à quoi vous servira votre opulence ? c'est donner du vin à un malade brûlé par la fièvre ; c'est charger un estomac fatigué qui ne digère pa , et pour qui la nourriture se change en poison. Ne voyez-vous pas les malades rejetter avec dégoût les viandes les plus délicates ; mais quand la santé leur est revenue, ils mangent avec plaisir les alimens les plus ordinaires.

La raison met dans notre ame une disposition semblable. Un homme qui aura su goûter ce qui est bon et honnête, sera toujours content de sa fortune. Au sein de la pauvreté il se trouvera plus heureux qu'un riche, aussi satisfait dans sa vie obscure et privée, que s'il avait des armées à conduire et un état à gouverner. Quand vous aurez fait des progrès dans la sagesse, vous ne trouverez plus de situation fâcheuse. En tout état, vous serez heureux : dans l'opulence, parce que vous pourrez étendre davantage vos bienfaits ; dans la pauvreté, parce qu'elle vous épargnera bien des inquiétudes ; dans les honneurs, parce qu'ils vous attireront de la gloire ; et dans l'obscurité, parce que vous y serez à l'abri de l'envie.

42.
PENSÉES MORALES
D'UN SAGE DE LA JUDÉE, (1)
ET DE SES DISCIPLES.
CHAPITRE PREMIER.

Heureux ceux qui ne mettent pas leur affection dans les richesses !

Heureux ceux qui sont pacifiques, qui sont compatissans, qui sont justes, et qui ont le cœur pur !

Il a été dit à vos ancêtres : Vous ne tuerez point. Et moi je vous dis de ne pas même vous mettre en colère contre votre frère, et de ne pas l'injurier.

Si, étant sur le point de faire votre offrande à l'autel, vous vous ressou-

―――――――――

(1) Jésus, qui vécut il y a 1800 ans.

venez que votre frère a quelque chose contre vous, laissez-là votre offrande, et allez auparavant vous réconcilier avec lui.

Il a été dit à vos ancêtres : Vous ne commettrez point d'adultère. Et moi je vous dis d'éloigner de vos cœurs les mauvais désirs.

Il a été dit à vos ancêtres : Vous ne prendrez pas le nom de Dieu en vain. Et moi je vous dis de ne point jurer du tout, et de vous contenter de dire : oui, ou non ; cela est, ou cela n'est pas.

Vous avez entendu dire : OEil pour œil, dent pour dent. Et moi je vous dis de faire du bien à vos ennemis.

Ne rendez point mal pour mal, ni outrage pour outrage.

Ne vous vengez pas ; si votre ennemi a faim, donnez-lui à manger ; s'il a soif, donnez-lui à boire ; ne vous laissez pas vaincre par le mal, mais travaillez à vaincre le mal par le bien.

Soyez indulgens pour les défauts des autres, et jugez-les comme vous voudriez être jugés vous-mêmes.

Que celui qui est sans reproche jette la première pierre au coupable.

N'imitez pas ce méchant serviteur qui, après avoir obtenu de son maître un délai pour une forte somme dont il lui était comptable, alla prendre à la gorge un de ses compagnons qui lui devait cent deniers, et, malgré toutes ses supplications, le fit mettre en prison, et l'y retint jusqu'à ce qu'il lui eût payé sa dette.

Le maître en ayant été informé, le fit venir et lui dit : Méchant serviteur, je t'avais remi ta dette, parce que tu m'en avais prié ; ne devais-tu pas avoir pitié de ton compagnon, comme j'ai eu pitié de toi ?

Et il le livra entre les mains de la justice, jusqu'à ce qu'il lui eût payé tout ce qu'il lui devait.

Aimez Dieu par-dessus toutes choses,

aimez votre prochain comme vous-mêmes. Dans ces deux commandemens sont renfermées toute la religion et toute la morale.

Adorez Dieu en esprit et en vérité.

Ne persécutez pas ceux qui l'adorent autrement que vous ; car vous n'êtes pas sur la terre pour vous perdre par les haines, mais pour vous rendre heureux par un amour mutuel.

Il vous sera demandé compte des talens que vous aurez reçus, et vous serez récompensés suivant l'usage que vous en aurez fait.

Travaillez à être de plus en plus parfaits.

Rendez service à votre frère, selon votre pouvoir.

Ne vous en faites pas un sujet de gloire comme les hypocrites, mais faites le bien sans ostentation.

Soulagez ceux qui souffrent, en pensant que vous êtes exposés aux mêmes souffrances.

Donnez de bon cœur aux indigens ce que vous pourrez.

Si un de vos frères n'a pas de quoi se vêtir , ni ce qui lui est nécessaire pour soutenir son existence , et que vous lui disiez sans lui rien donner : Allez en paix , je vous souhaite de quoi vous vêtir et de quoi manger ; à quoi lui serviront vos souhaits ?

Ne vous enflez pas d'orgueil ; ne mettez pas votre confiance dans les richesses incertaines et périssables ; soyez charitables , et rendez-vous riches en bonnes œuvres.

Si vous désirez que vos jours soient heureux , empêchez votre langue de se porter à la médisance ; que vos lèvres ne soient pas trompeuses ; évitez le mal , faites le bien , recherchez la paix , et travaillez pour l'acquérir.

Ne parlez pas mal les uns des autres.

L'homme est capable de dompter les bêtes sauvages , et souvent il ne peut dompter sa langue.

Fuyez les procès et les querelles. Soyez équitables, et témoignez à tous toute la douceur possible.

Bannissez d'entre vous l'aigreur ; l'emportement, les mauvais propos. Si vous avez un moment de vivacité, prenez garde de nuire à votre prochain.

Aimez-vous les uns les autres comme des frères. Prévenez-vous par des témoignages de respect et de déférence. Observez en tout l'humanité, la douceur ; supportez-vous mutuellement avec une bonté compatissante.

Soyez bons et bienfaisans, à l'exemple du père commun des hommes.

Réjouissez-vous avec ceux qui sont dans la joie et pleurez avec ceux qui pleurent.

Soyez toujours prêts à faire une bonne action.

Soyez unis tous ensemble. Vivez en paix, autant qu'il est en vous, avec toutes sortes de personnes.

Soyez circonspects, prudens et modestes.

Ne vous élevez pas au-delà de ce que vous devez, mais tenez-vous dans les bornes de la modération.

Si vous êtes invités à un festin, ne recherchez pas les premières places; car quiconque s'élève sera abaissé, et quiconque s'abaisse, sera élevé.

43.

PENSÉES MORALES

D'UN SAGE DE LA JUDÉE,

ET DE SES DISCIPLES.

CHAPITRE SECOND.

Soumettez-vous aux puissances, obéissez aux magistrats, non par crainte, mais par devoir.

Rendez à chacun ce qui lui est dû;

les impôts à qui vous devez les impôts, l'obéissance à qui vous devez l'obéissance, l'honneur à qui vous devez l'honneur.

Ne vous attachez qu'à ce qui est vrai; à ce qui est honnête, à ce qui est juste, à ce qui est louable.

Que les jeunes gens et les vieillards soient tempérans.

Que les mères inspirent la sagesse à leurs filles; qu'elles leur apprennent à aimer un jour leurs maris et leurs enfans, à être douces, sobres, chastes, et attachées à leur ménage.

Que la parure des femmes soit modeste.

Qu'elles aiment leurs maris.

Que les maris vivent bien avec leurs femmes; qu'ils leur soient fidèles; qu'ils les traitent avec déférence et avec bonté, comme le sexe le plus faible.

Celui qui aime sa femme, s'aime lui-même.

Que les chefs rendent à leurs serviteurs ce que l'équité et la justice demandent.

Qu'ils aient de l'affection pour eux, et ne les traitent pas avec rigueur ni avec menaces ; car nous avons tous un maître commun qui n'aura pas d'égards à la condition des personnes.

Que les serviteurs obéissent avec respect à leurs chefs, et qu'ils remplissent leurs devoirs, non par crainte, mais par affection.

Que les enfans, pour être heureux, honorent leurs pères et mères, et leur obéissent.

Que les pères évitent d'aigrir et de décourager leurs enfans par trop de rigueur ; qu'ils aient soin de les bien élever et les instruire.

L'apologue de l'enfant prodigue nous offre une image touchante de la bonté paternelle.

Un homme avait deux enfans. Il prit fantaisie au plus jeune de quitter son père ; il lui demanda la part qui lui revenait, et l'ayant reçue, il s'en alla dans un pays fort éloigné.

Il s'y livra au plaisir ; et comme il vivait dans l'oisiveté, il ne tarda pas à donner dans toutes sortes d'excès et de débauches.

Avec ce train de vie, son bien fut dissipé en peu de tems. Il se trouva sans ressources, et forcé de se mettre au service de l'un des habitans du pays qui lui donna ses pourceaux à garder.

Il survint une grande famine qui réduisit ce jeune imprudent à la misère la plus affreuse.

Il rentra en lui-même, et dit : « Combien y a-t-il dans la maison de mon père de gens à gages qui ont plus de pain qu'il ne leur en faut ! et moi, je suis ici à mourir de faim ! J'irai trouver mon père, je lui avouerai ma faute, et je lui demanderai à être traité comme ceux qui sont à ses gages. »

Il partit donc, et alla trouver son père.

Ce bon vieillard l'ayant apperçu de loin, en fut ému ; il courut au-devant de son fils, se jeta à son cou, et l'embrassa. Et son fils lui disait : « Mon père, j'ai fait une grande faute, et je ne suis plus digne d'être appelé votre fils. »

Mais le père ne pensant plus qu'au plaisir de revoir son fils, commanda qu'on lui donnât des habits, qu'on lui mît un anneau au doigt et des souliers aux pieds. Il fit préparer un grand festin ; et cette fête se passa dans la joie la plus vive, parce qu'un jeune homme qui s'était égaré du sentier de la vertu y rentrait, et parce qu'un bon père retrouvait son fils qu'il avait cru perdu.

44.
PENSÉES MORALES
DE SÉNÈQUE. (1)
CHAPITRE PREMIER.

L'auteur de la nature, en nous formant des mêmes principes et pour la même fin, nous a rendus frères. C'est lui qui nous a inspiré une bienveillance mutuelle, et qui est la cause de notre sociabilité; c'est lui qui a établi la justice et l'équité ; c'est en vertu de ses lois qu'il est plus malheureux de faire du mal que d'en recevoir ; c'est lui qui nous a donné deux bras pour aider nos semblables. Ayons toujours dans le cœur cette pensée : *Je suis homme, et rien de ce qui intéresse l'humanité ne m'est*

(1) Il vivait à Rome il y a 1800 ans.

étranger. Nous avons une naissance commune ; notre société ressemble aux pierres des voûtes qui se soutiennent mutuellement.

Supposez l'homme isolé : qu'est-il ? La proie de tous les animaux, la victime la plus faible et la plus facile à immoler ; faible et nu, l'association fait toute sa force. L'Auteur de la Nature lui a donné deux ressources, qui, de l'animal le plus exposé à toutes les attaques, en ont fait le plus robuste : la raison et la société.

Ainsi, un être, qui, pris séparément, eût succombé sous tous ses adversaires, est devenu le souverain du globe ; la société lui a donné l'empire sur tous les animaux. Né pour la terre, la société lui a soumis un élément interdit à sa nature, et l'a rendu maître des mers. C'est la société qui repousse les attaques de la maladie, qui procure des soutiens à la vieillesse, et des consolations contre la douleur. C'est la société qui nous inspire du courage contre les assauts de la fortune. Détruisez-la, vous rompez l'unité du genre-humain, le seul soutien de la vie.

Le devoir de l'homme est d'être utile aux hommes, à un grand nombre, s'il le peut, sinon à un petit nombre, sinon à ses proches, sinon à lui-même ; en se rendant utile à lui-même, il travaille pour les autres. Comme l'homme vicieux ne nuit pas seulement à lui-même, mais encore à ceux auxquels il eût pu être utile, s'il eût été vertueux, de même en travaillant pour soi, on travaille aussi pour les autres, puisqu'on leur forme un homme qui pourra leur être utile.

Si les plus sages même commettent des fautes, quel est l'homme dont les erreurs ne soient pas excusables? Soyons donc tolérans les uns envers les autres. Une seule chose peut nous rendre la tranquillité : c'est un traité d'indulgence mutuelle.

La vengeance est contraire à l'humanité, quoiqu'en apparence conforme à la justice. Elle ne diffère de l'outrage que par l'ordre du tems. Celui qui se venge n'a que l'avantage d'être le second à mal faire.

45.
PENSÉES MORALES
DE SÉNÈQUE.
CHAPITRE SECOND.

Ne parlons pas du bien que nous avons fait. Rappeler un service, c'est le redemander.

Le devoir réciproque du bienfaiteur et de l'obligé, c'est que l'un oublie sur-le-champ qu'il a donné et que l'autre n'oublie jamais qu'il a reçu.

C'est une usure honteuse que de tenir note de ses bienfaits. Quel que soit le sort des premiers, continuez d'en répandre, quand ils devraient encore être ensevelis chez des ingrats. La honte, l'occasion, l'exemple peuvent les rendre un jour reconnaissans. Ne vous lassez pas, faites votre devoir, remplissez les fonctions d'un homme de bien ; secourez l'un de votre fortune, l'autre de votre crédit, celui-ci de vos conseils, celui-là de vos préceptes salutaires.

En général, c'est la manière de dire et de faire les choses qui les caractérise : ainsi les mêmes services diffèrent par la manière dont on les rend. Quelle grace, quel prix ne donne-t-on pas à son bienfait, quand on ne souffre pas que celui qu'on oblige en remercie, lorsqu'en faisant du bien on oublie qu'on le fait !

Que les bienfaits se présentent sous les traits de la sensibilité, ou du moins sous ceux de la douceur, de la sérénité ; que le bienfaiteur n'accable pas de sa supériorité celui qu'il oblige ; qu'il ne s'élève pas au-dessus de lui ; qu'il descende à son niveau, pour ne lui laisser voir que sa bienveillance ; qu'il dépouille son bienfait d'une ostentation importune ; qu'il épie le moment favorable ; qu'il paraisse plutôt saisir une occasion que soulager un besoin.

Traitez votre inférieur comme vous voudriez l'être par votre supérieur. Cet homme que vous appelez votre serviteur, oubliez-vous qu'il est formé des mêmes élémens que vous, qu'il jouit du même ciel, qu'il respire le même air, qu'il vit et meurt comme vous ?

N'allez pas juger un homme heureux parce qu'il a une cour nombreuse. On se rassemble autour du riche, comme au bord d'un lac, pour y puiser.

Où est l'homme assez riche, assez puissant, pour que la fortune ne le mette pas dans le cas d'avoir besoin même des plus faibles ?

L'homme heureux est celui dont l'ame est supérieure aux événemens.

Il n'y a pas de paix pour l'homme qui s'inquiète de l'avenir, qui se rend malheureux, même avant le malheur, qui prétend s'assurer jusqu'à la fin de sa vie la possession des objets auxquels il attache son bonheur. Le repos est perdu pour un tel homme. L'attente de l'avenir lui enlevera même le présent dont il pouvait jouir. Le regret et la crainte des pertes sont deux états également douloureux pour l'ame.

Il n'y a pas de bonheur pour celui que tourmente l'idée d'un bonheur plus grand. Considérez plutôt la multitude qui vous suit, que le petit nombre qui vous précède.

Rien ne suffit à la cupidité; peu de chose suffit à la nature. Tout ce qu'elle a rendu nécessaire à l'homme, elle l'a rendu facile à trouver. Tout désir ultérieur est le cri du vice, et non pas du besoin.

La vraie mesure de la richesse est de n'être ni trop près, ni trop loin de la pauvreté. Sans l'économie, il n'y a point de richesses assez grandes. Avec l'économie, il n'y en a pas de trop petites.

Une chose inutile est trop chère, quand même elle ne coûterait qu'une bagatelle.

Il manque bien des choses à l'indigence ; mais tout manque à la cupidité. Un homme cupide n'est bon pour personne, et il l'est bien moins pour lui-même.

Le mortel le plus indigent est celui qui désire le moins: On a tout ce qu'on veut, quand on ne veut que ce qui peut suffire.

46.

PENSÉES MORALES
DE SÉNÈQUE.
CHAPITRE TROISIÈME.

Tous les états sont autant d'esclavavages. Il faut donc se faire à son sort, s'en plaindre le moins possible, et saisir tous les avantages qui peuvent l'accompagner. Il n'y a pas de condition si dure où la raison ne trouve quelque consolation.

L'inconstance est, de tous les vices, le plus ennemi du repos.

Ne vous fiez jamais à la fortune. Tous les avantages que sa faveur vous accorde, ses richesses, ses honneurs, sa gloire, placez-les de manière qu'elle puisse les reprendre sans vous ébranler, et laissez toujours entr'eux et vous un grand intervalle.

S'accommoder avec la pauvreté, c'est être riche. On est pauvre, non pour avoir peu, mais pour désirer beaucoup.

L'adversité est l'épreuve de la vertu. Le spectacle le plus digne de Dieu, est celui de l'homme juste et courageux aux prises avec la mauvaise fortune.

Les élémens du bonheur sont une bonne conscience, de l'honnêteté dans les projets, de la droiture dans les actions, de l'indifférence pour les biens qui dépendent du caprice du sort ; de la liaison, de l'ensemble, de l'uniformité dans la conduite.

Soyez en paix avec vous-même, sans trop vous embarrasser de la réputation. Consentez qu'elle soit mauvaise, pourvu que vous en méritiez une bonne.

Les fausses interprétations de l'opinion changent quelquefois la vertu en vice. Quel autre but peut-on alors se proposer, que le témoignage d'une bonne

bonne conscience, ce consolateur caché, qui crie plus haut que la multitude, et qui place tout son bonheur en elle même ?

Le vrai calme est celui de la bonne conscience. Les méchans ne connaissent pas ce bonheur : pour eux, les nuits sont orageuses comme les jours. Ne croyez pas l'ame tranquille, parce que le corps repose. Souvent le sommeil n'est qu'un trouble d'une autre espèce.

Le plus grand supplice des crimes est en eux-mêmes ; aussi-tôt qu'ils sont commis, dans le moment même où on les commet, ils reçoivent leur châtiment.

Le méchant craint à proportion du mal qu'il fait. Avec une mauvaise conscience, on peut trouver de la sûreté, mais jamais de sécurité. On se croit découvert, quoique caché ; on est agité pendant le sommeil ; on ne peut entendre parler d'un crime sans penser au sien ; on ne le trouve jamais assez effacé ni caché. Le malfaiteur a quelquefois eu le bonheur, mais jamais la certitude de n'être point découvert.

L'homme à qui sa conscience ne reproche rien, peut seul revenir avec plaisir sur le passé. Pour lui seul la vieillesse est un bien. Il est agréable de rester long-tems avec soi, quand on s'est rendu une jouissance digne de soi.

Que servent à tel homme quatre-vingts ans passés dans l'inaction ? ce n'est pas avoir vécu, mais avoir traversé la vie ; ce n'est pas être mort tard, c'est avoir été mort très-long-tems. C'est par les actions, et non par la durée, qu'il faut mesurer la vie.

L'homme ne tombe pas tout-à-coup dans la mort ; il s'avance vers elle pas à pas. Chaque jour nous mourons, chaque jour nous enlève une partie de notre existence, et notre croissance même n'est qu'un décroissement de la vie. Le jour où l'on cesse de vivre, ne fait pas la mort, mais la consomme. On arrive au terme, mais on était en route depuis long-tems.

Ce n'est pas seulement les armes à la main, et dans un champ de bataille, qu'on peut donner des marques d'un courage que rien ne peut abattre: c'est aussi sur le lit de douleur.

47.
PENSÉES MORALES
DE SÉNÈQUE.
CHAPITRE QUATRIÈME.

La vie heureuse est le fruit d'une sagesse consommée ; la vie supportable, d'une sagesse commencée.

La sagesse est une espèce de sacerdoce respecté des gens de bien, respecté même de ceux qui ne sont méchans qu'à demi ; tous les arts, tous les hommes, même les pervers, lui rendent hommage. Non, jamais la dépravation ne sera assez forte, ni la ligue contre les vertus assez puissante, pour empêcher la sagesse d'être vénérable et sacrée.

La sagesse n'est pas une science de parade : elle consiste dans les choses et non pas dans les mots. Sa fonction n'est pas d'aider à passer les jours dans les délices, de calmer l'ennui de l'oisiveté ; c'est de forger et de façonner les ames, de diriger la conduite, de régler les actions, d'enseigner à l'homme ce qu'il doit faire ou omettre, d'être son propre pilote, de le guider au milieu des écueils de sa navigation. Sans sagesse point de sûreté. Combien, à chaque heure, d'incidens qui exigent des conseils! C'est d'elle qu'il en faut recevoir.

La sagesse n'enseigne pas à parler, mais à faire. Elle veut que chacun se conforme aux règles qu'elle prescrit, aux lois qu'elle impose ; que les actions ne démentent pas les discours ; que l'ensemble de la vie soit d'un même ton et sans nulle discordance.

Ne faites point parade de la sagesse : c'est une vanité qui a coûté cher à bien des gens. Que la sagesse vous corrige de vos vices, mais qu'elle n'attaque pas ceux d'autrui.

Ne heurtez pas les mœurs publiques, et ne cherchez pas à attirer les regards par des singularités.

Celui qui se rend à l'école de la sagesse, doit chaque fois en remporter quelque chose d'utile ; il doit retourner ou meilleur, ou plus en état de le devenir. Telle est en effet la force de la sagesse, qu'il n'est pas possible qu'on ne tire quelqu'avantage d'une pareille école.

Que se propose le sage ?..... Le voici : je veux, dit il, voir arriver la mort avec autant de fermeté que j'en entends parler. Je me résignerai aux travaux, quels qu'ils soient. Je mépriserai les richesses présentes comme absentes, sans être ni plus triste pour les savoir ailleurs, ni plus fier pour les voir autour de moi. Que la fortune vienne à moi, qu'elle me quitte, je ne m'en appercevrai pas. Je verrai toutes les terres des autres comme si elles m'appartenaient, et toutes les miennes comme si elles appartenaient à d'autres. Je vivrai persuadé que je suis né pour les autres ; et j'en rendrai graces à l'auteur de la nature. Que pouvait-il faire de mieux pour moi ? Il m'a fait naître pour tout le monde, et tout le monde pour moi. Les biens que je pourrai posséder, je ne les garderai pas en avare, je ne les dissiperai pas en prodigue : je ne croirai vraiment jouir que de ce que j'aurai donné avec discernement. Je ne compterai pas mes bienfaits, je les apprécierai d'après le mérite de celui qui les recevra. S'il en profite, je ne croirai pas avoir fait beaucoup. Je ne prendrai jamais l'opinion, mais ma conscience, pour règle de mes actions. Je me rendrai agréable à mes amis, doux et traitable avec mes ennemis. Je n'oublierai pas que Dieu gouverne le monde ; qu'il est au-dessus de moi, et qu'il m'environne ; qu'il a les yeux ouverts sur toutes mes paroles et sur toutes mes actions. Quand il me redemandera mon ame, je sortirai de la vie, en assurant que j'ai toujours chéri la vertu et les occupations honnêtes.

Le sage ne se regarde pas comme indigne des biens de la fortune ; il n'aime pas les richesses, mais il les préfère à la pauvreté ; il ne leur ouvre pas son cœur, mais sa maison ; il ne les rejette pas, mais il en modère l'usage.

Il ne se méprisera pas pour être d'une petite taille, mais il préférera une haute stature. Il ne s'affligera pas pour avoir quelques défauts corporels, mais il aimera mieux n'en point avoir ; il n'oubliera pas pour cela qu'il possède en lui-même un bien plus estimable. Il supportera la mauvaise santé, mais il souhaitera la bonne. Il y a des avantages qui, tout modiques qu'ils sont en eux-mêmes, et sans influer sur le bien principal, ajoutent cependant quelque chose au contentement perpétuel qui naît de la vertu. Les richesses causent au sage la même satisfaction, qu'au navigateur un vent heureux et favorable, qu'à tous les hommes un beau jour, et un lieu propre à garantir des frimats de l'hiver.

Un homme qui connaît la vérité, qui sait distinguer le bien du mal, qui n'apprécie les objets que d'après leur nature, et non d'après l'opinion ; un homme dont la grandeur et la force ont pour base la justice, qui résiste aux menaces comme aux caresses, qui commande à la mauvaise fortune comme à la bonne, qui s'élève au-dessus des événemens nécessaires ou fortuits, qui ne voudrait pas de la beauté sans décence, de la force sans tempérance et sobriété ; en un mot, un homme intrépide, inébranlable, que la violence ne peut abattre, ni le sort énorgueillir ou humilier, un tel homme est le portrait du sage.

48.
PENSÉES MORALES
D'ÉPICTÈTE. (1)
CHAPITRE PREMIER.

Ne demande pas que les événemens se règlent au gré de tes désirs ; mais conforme tes désirs aux événemens : c'est le moyen d'être heureux.

Tout est dans nous, ou hors de nous.

(1) Il naquit en Phrigie ; et vécut à Rome il y a 1700 ans.

Ce qui est dans nous, ce sont les connaissances que nous avons acquises, nos désirs, nos vertus. Ce qui est hors de nous, ce sont les richesses, la réputation, les dignités, les événemens. Le moyen d'être heureux et indépendans, c'est de ne mettre de prix qu'à ce qui est en nous. Si nous nous attachons à ce qui est hors de nous, et à ce qui dépend des circonstances, nous serons à chaque instant affligés et troublés; nous accuserons Dieu et les hommes; nous rencontrerons des obstacles à chaque pas.

Pendant que Dieu nous laisse jouir des avantages extérieurs, usons-en comme d'un bien étranger, et comme le voyageur use d'une hôtellerie.

Veux-tu que tes désirs aient toujours leur effet? ne désire que ce qui dépend de toi.

Souviens-toi de te comporter dans la vie comme dans un festin. On avance un mets vers toi: étends la main, et prends-en modestement. S'il ne vient pas de ton côté, attends patiemment qu'on l'approche. Use de la même modération envers les honneurs et les richesses, tu seras heureux. Si, pouvant jouir de ses biens, tu les rejettes et les méprises, tu seras encore plus près de la perfection de la vertu.

Si tu vois un homme comblé d'honneurs, ou élevé à une grande puissance, ou distingué par quelqu'autre avantage, ne te laisse pas éblouir par ces vaines apparences, et ne dis pas qu'il est heureux ; car puisque le parfait bonheur et le repos de l'esprit consistent dans les choses qui dépendent de nous, les biens étrangers ne doivent pas exciter notre envie.

Tu n'as point été invité à un festin ; tu ne dois pas t'en plaindre, puisque tu n'as pas payé au maître de ce festin le prix qu'il le vend. Ce prix, c'est une flatterie, une complaisance, une soumission. N'as-tu donc pas un avantage préférable à ce frivole honneur ? cet avantage, c'est de n'avoir pas donné d'éloges à celui que tu en croyais indigne, et de n'avoir pas souffert son orgueil et ses dédains.

Si tu peux t'enrichir en conservant l'honneur, la bonne-foi, la magnanimité, n'épargne rien pour réussir; mais prends garde de perdre tes véritables biens, pour en acquérir de faux. Ne crains pas non plus d'être inutile à ta patrie si tu restes pauvre. Le citoyen le plus utile est celui qui est honnête et vertueux.

Nous pouvons connaître l'intention de l'auteur de la nature par les sentimens qu'il inspire à tous les hommes dans ce qui ne les intéresse pas personnellement. Par exemple, lorsque le serviteur de ton voisin a cassé un vase ou quelqu'autre chose, tu ne manques pas de lui dire, pour le consoler, que c'est un accident très-commun. Sois donc aussi tranquille, s'il arrive à ton serviteur de faire la même faute.

Appliquons cette maxime à des objets plus sérieux. Si quelqu'un perd une personne qui lui est chère, nous lui disons que c'est le sort de l'humanité. Éprouvons-nous le même accident?... nous nous désespérons. Tâchons de voir ce qui nous arrive, du même œil que nous voyons ce qui arrive aux autres.

Le principal fondement de la religion est d'avoir des idées saines et raisonnables de Dieu, de croire qu'il existe, qu'il gouverne le monde avec autant de justice que de sagesse, d'être persuadé que tu dois lui obéir, et te soumettre, sans murmurer, à tous les événemens, comme étant produits par une intelligence infiniment sage. Avec cette opinion de la Providence, tu ne pourras jamais te plaindre d'elle.

Mais il n'est qu'un moyen d'atteindre ce but ; c'est de renoncer à toutes les choses sur lesquelles tu n'as aucun pouvoir, et de ne placer ton bonheur ou ton malheur que dans ce qui dépend de toi ; car si tu le places dans ce qui est hors de toi, il faut nécessairement que, te voyant frustré de ce que tu désires, ou affligé de ce que tu crains, Dieu, que tu regarderas comme l'auteur de tes infortunes, devienne l'objet de tes plaintes.

Nous avons grand tort d'accuser la pauvreté de nous rendre malheureux. C'est l'ambition, ce sont nos insatiables désirs qui nous rendent réellement misérables. Fussions-nous maîtres du monde entier, sa possession ne pourrait nous délivrer de nos frayeurs et de nos chagrins ; la raison a seule ce pouvoir.

49.
PENSÉES MORALES
D'ÉPICTÈTE.
CHAPITRE SECOND.

En toute occasion, sois prêt à suivre la destinée que t'a imposée la Providence. Quand tu t'obstinerais à lui résister, il faudrait toujours la suivre malgré toi.

Souviens-toi que c'est une folie de ne pas céder à la nécessité, et dis avec le sage condamné à boire la ciguë : si Dieu l'a ainsi résolu, que sa volonté s'accomplisse. Mes accusateurs peuvent bien tuer mon corps ; mais la partie la plus précieuse de moi-même est au-dessus de leurs atteintes.

En toutes choses, il faut faire ce qui dépend de soi, et rester ensuite ferme et tranquille. Je suis obligé de m'embarquer : que dois-je faire ? Bien choisir le vaisseau, le pilote, les matelots, la saison, le jour, le vent ; voilà tout ce qui dépend de moi. Dès que je suis en pleine mer, s'il survient une tempête, ce n'est plus mon affaire, c'est l'affaire du pilote. Si le vaisseau coule à fond, Je ne crie point, je ne me tourmente point, je ne m'en prends point à Dieu. Je sais que tout ce qui est né doit mourir, c'est la loi générale : il faut donc que je meure. Je ne suis pas l'éternité, je suis un homme ; une partie du tout, comme une heure est une partie du jour. Une heure vient, et elle passe ; je viens, et je passe aussi. La manière de passer est indifférente : que ce soit par le fer, par la fièvre ou par l'eau ; tout est égal.

L'univers est un grand état dont Dieu est le chef. C'est un tout à l'utilité duquel chaque partie doit concourir et rapporter ses actions, sans préférer jamais son avantage particulier à l'intérêt commun.

Tous les devoirs se mesurent par les rapports qui lient les hommes entr'eux. C'est ton père?... Ton devoir est d'en prendre soin, de lui céder, de souffrir ses réprimandes. Ton frère t'a fait une injustice?... Remplis tes devoirs envers lui, et ne considère pas ce qu'il a fait, mais ce que tu dois faire, et ce que la nature exige de toi.

Que la raison soit ta loi, et ne t'en écarte jamais, soit au milieu de la société, soit quand tu seras seul avec toi-même.

A chaque impression que tu reçois des objets extérieurs, rentre en toi-même, et cherche quelle vertu l'auteur de la nature t'a donnée pour y résister. Contre un objet séduisant, tu trouveras en toi la continence ; contre la peine ou le travail, tu trouveras le courage; contre les injures, la patience. Si tu prends cette habitude, les fantômes de ton imagination n'auront plus aucun empire sur toi.

Si quelque idée voluptueuse vient s'offrir à ton imagination, retiens-toi comme sur les autres objets, de peur que cette idée ne t'entraîne. Ne cède pas d'abord à l'impulsion du désir, et prends quelque délai. Compare ensuite les deux instans, celui de la jouissance et celui du repentir qui la suivra. N'oublie pas sur-tout la satisfaction intérieure qui t'attend, et les louanges que tu te donneras à toi-même, si tu résistes.

Tu veux te livrer à la sagesse ? attends-toi à être moqué par la multitude des insensés. Ne montre ni faste, ni fierté; mais attache-toi fortement à ce qui te paraîtra le meilleur, et restes-y comme au poste où Dieu lui-même t'a placé. Souviens-toi de plus, que si tu soutiens ce caractère avec fermeté, ceux qui avaient commencé par se moquer de toi, finiront par t'admirer : au lieu que si leurs railleries te font changer de résolution, tu leur donneras un nouveau sujet de te tourner en ridicule.

50.
PENSÉES MORALES D'ÉPICTÈTE.
CHAPITRE TROISIÈME.

Ne fais pas une vaine ostentation de savoir devant des ignorans, mais prouve par tes actions, le bon usage que tu as fait de la science.

Celui qui a fait des progrès dans la sagesse, ne parle point de lui, comme s'il était un homme important. Si on le reprend, il en profite pour se corriger. Il est le maître de ses désirs. Il ne souhaite rien avec trop d'empressement. Si on le traite d'ignorant, il ne s'en met pas en peine. Enfin il se défie de lui-même.

N'use des choses nécessaires au corps, qu'autant que l'exige le simple besoin, et mets des bornes à tout ce qui ne sert qu'à l'ostentation ou à la mollesse.

Les besoins du corps doivent être pour chacun la mesure des richesses. En te renfermant dans ces bornes, tu tiendras toujours un juste milieu. Si tu les passes, tu seras entraîné dans le désordre, comme dans un précipice; car il n'y a plus de limites pour celui qui a une fois passé celles du besoin.

Un signe certain de frivolité, c'est de s'occuper beaucoup des soins purement corporels. On ne doit s'y livrer qu'en passant. C'est à cultiver notre esprit que nous devons donner toute notre attention.

Jusqu'à quand différeras-tu d'obéir en tout à la voix de la raison ? Si tu persistes dans l'indolence, si tu renvoies d'un jour à l'autre le soin de te corriger, si tu ajoutes délais sur délais, résolutions sur résolutions, tu vivras et mourras sans avoir fait aucuns progrès dans la vertu.

Commence donc dès aujourd'hui à tendre à la perfection. Que tout ce qui te paraitra très-beau et très-bon soit pour toi une loi inviolable.

Chacun doit aimer son semblable, veiller sur ses besoins, les prévoir même ; s'intéresser à tout ce qui le regarde, le supporter ; ne lui faire aucun tort, et croire que l'injure, l'injustice, sont une espèce d'impiété ; exercer envers lui la bienfaisance, être fortement persuadé qu'on n'est pas né seulement pour soi, mais pour l'avantage de la société, et pour faire du bien à tous les hommes selon ses forces et ses facultés ; se contenter d'avoir fait une bonne action et du témoignage de sa conscience ; s'oublier même en quelque manière, au lieu de chercher des témoins, ou de se proposer quelque récompense, ou d'agir en vue de son intérêt particulier; passer d'une bonne action à une autre, et ne se lasser jamais de faire du bien ; mais pendant tout le cours de sa vie, accumuler bonne action sur bonne action, sans laisser entre elles le moindre intervalle ni le moindre vide, parce que c'est là l'unique avantage d'exister ; se croire suffisamment payé par cela seul qu'on a eu occasion de rendre service à autrui; en témoigner sa reconnaissance à ceux qui nous ont offert cette occasion, comme une chose qui nous est utile à nous-mêmes ; ne chercher par conséquent hors de soi, ni le profit, ni la louange des hommes ; n'estimer et n'avoir rien tant à cœur que la vertu et l'honnêteté ; ne se laisser jamais détourner de son devoir, autant qu'on le connaît, ni par le désir de la vie, moins encore de quelqu'autre chose, ni par la crainte des tourmens ou de la mort, ni par celle de l'ignominie, pire que la mort, moins encore par la crainte de quelque malheur que ce soit ; tel est l'abrégé de la sagesse.

Comporte-toi dans la vie, de manière qu'en mourant tu puisses dire à l'arbitre des destinées humaines : Grand Dieu ! ai-je violé tes commandemens ? ai-je abusé des présens que tu m'as faits ? ne t'ai-je pas soumis mes sens, mes vœux et mes opinions ? Me suis-je jamais plaint de toi ? ai-je accusé ta providence ? J'ai été malade, parce que tu l'as voulu, et je l'ai voulu de même. J'ai été pauvre, parce que tu l'as voulu, et j'ai été content de ma pauvreté. M'as-tu vu jamais triste de mon état ? m'as-tu surpris dans l'abattement et le murmure ? Je suis encore tout prêt à subir tout ce qu'il te plaira ordonner de moi. Le moindre signal de ta part est pour moi un ordre inviolable. Tu veux que je sorte de ce spectacle magnifique : j'en sors, et je te rends mille actions de grâces de ce que tu as daigné m'y admettre pour me faire voir tes ouvrages, et pour étaler à mes yeux l'ordre admirable avec lequel tu gouvernes cet univers.

51.
PENSÉES MORALES
EXTRAITES DU CORAN. (1)

Louange à Dieu, souverain des mondes !

La bonté est son partage.

Les ignorans disent : Si Dieu ne nous parle, ou si nous ne voyons un miracle, nous ne croirons pas.

Mais toute la création n'est-elle

---

(1) Le Coran est le code des préceptes et des lois que Mahomet donna aux Arabes il y a 1200 ans. *Coran* signifie *lecture*.

pas un signe assez frappant de la divinité ?

L'Eternel a étendu la terre sous nos pas comme un tapis.

Il ouvre son sein, et fait germer le grain, verdir l'herbe, pousser la vigne, croître les arbres, qui ornent nos champs et nos jardins.

Il y a mis tout ce qui sert d'aliment aux hommes et aux animaux.

Il fait éclore toutes les plantes dans un ordre admirable.

Il a affermi les montagnes. Il a tracé le cours des fleuves.

La source de toutes choses est dans ses mains. Il les dispense avec une sage économie.

Il envoie les vents, précurseurs de ses bienfaits, porter les nuages chargés d'eau sur les campagnes arides. La pluie féconde la terre stérile, et lui fait produire des fruits en abondance.

Il a créé les troupeaux qui servent à nous vêtir, à nous nourrir, et dont

L

nous retirons plusieurs avantages. Ils portent nos fardeaux aux lieux où nous ne parviendrions qu'avec peine.

Il a formé les diverses couleurs que la terre étale à nos yeux.

Il a soumis la mer à notre usage. Les poissons qu'elle renferme dans son sein deviennent notre nourriture.

Voyez le vaisseau fendre les flots, et le navigateur chercher l'abondance, et rendez graces à l'Eternel.

Il a placé au firmament les étoiles, où l'homme lit la route qu'il doit suivre.

Il a suspendu la lune pour réfléchir la lumière, et le soleil pour la communiquer.

Il nous couvre du manteau de la nuit. Il l'a établie pour le repos. Le jour est destiné au mouvement.

Il fait sortir la vie du sein de la mort, et la mort du sein de la vie.

Il est impossible de nombrer ses bienfaits.

Dieu n'a point d'égal ; et ne partage avec aucun être le gouvernement de l'univers. Il a tiré du néant tout ce qui existe, et il en fait subsister l'harmonie.

Loué soit son nom ! Il créa pour notre usage tout ce qui est sur la terre. Nous n'avons de connaissances que celles qui nous viennent de lui. La science et la sagesse sont ses attributs.

Nos actions publiques et secrètes sont dévoilées à ses yeux.

Il lit au fond de nos cœurs. Il sait si nous sommes justes.

Il connaît ceux qui nous ont précédés, comme ceux qui nous suivront, et il les jugera tous.

Ceux qui feront le bien, recevront de lui la récompense.

O mortels ! adorez celui qui vous a créés, vous et vos pères, et n'adorez que lui.

Soyez bienfaisans envers les auteurs de vos jours. Soyez pour eux tendres et soumis. Gardez-vous de leur marquer du mépris, et ne leur parlez qu'avec respect.

Faites du bien aux pauvres, et ne dissipez pas follement vos richesses.

Si vous ne pouvez secourir l'indigent, parlez-lui du moins avec bonté.

Ayez de l'humanité pour tous les hommes ; gardez vos promesses, supportez patiemment l'adversité.

Que le tuteur s'abstienne de toucher au bien de ses pupilles.

Si votre débiteur a de la peine à vous payer, donnez-lui du tems.

Exercez la bienfaisance envers vos ennemis, et vous en ferez des amis tendres.

Ceux qui souffrent avec patience, qui rendent le bien pour le mal, et qui versent dans le sein de l'indigent une portion de leurs richesses, seront récompensés.

Les richesses font l'ornement de la vie ; mais les vrais biens, ceux qui sont agréables à Dieu, et dont la récompense est certaine, sont les bonnes œuvres.

Nous t'adorons, grand Dieu, et nous implorons ton assistance !

Dirige-nous dans la carrière de la vie.

Conduis-nous dans le sentier de ceux qui se sont préservés de l'erreur.

Les ignorans sont semblables à ceux qui entendent les sons de la voix sans rien comprendre.

Lorsqu'on les presse d'embrasser la vérité, ils répondent : Nous suivons le culte de nos pères.

Doivent-ils le suivre, si leurs pères ont marché dans la nuit de l'ignorance et de l'erreur ?

52.
PENSÉES MORALES
DE SAADI,
SAGE DE LA PERSE. (1)

Louange au Dieu tout-puissant, père des êtres, source de la vie, le créateur et le moteur des zéphirs, chef économe et sage de la nature, qui, du désordre des élémens, fit naître l'ordre et le monde ! Grand Dieu ! tu calmes les tempêtes qui s'élèvent sur les mers et dans les cœurs des êtres intelligens; tu fais sortir le bonheur du choc des passions opposées. Chacun des globes célestes contribue à éclairer les globes célestes; les vents conduisent les nuages

(1) Il naquit il y a 600 ans.

et balancent les mers. Les états sont utiles aux états, l'homme aux animaux, les animaux à l'homme. Tu ordonnes aux zéphyrs d'étendre les tapis d'émeraudes sur nos champs ; tu revêts les plantes et les arbres de verdure ; tu prépares sur la terre un festin magnifique, auquel tu invites les adorateurs du feu, les idolâtres, tous tes enfans, sans aucune distinction de leur culte. Quand tous les êtres sont utiles l'un à l'autre, quel homme osera rester inutile à sa patrie et au monde ?

En donnant aux hommes la conscience et la raison, Dieu leur a dit : Soyez-vous utiles les uns aux autres, et la terre fleurira sous vos mains, et les animaux féroces seront obligés de respecter votre union.

L'homme oublia cette voix de la nature : le frère voulut commander au frère, et ils furent ennemis ; les armes de l'injuste furent employées contre l'innocent, et le soumirent ; et ses esclaves dociles lui firent de nouveaux esclaves.

Et Dieu parla encore aux cœurs des hommes, et leur dit : Vous voilà rassemblés en grandes nations ; peuples, soyez-vous utiles les uns aux autres, et que les productions du midi passent au nord ; que les lumières de l'orient éclairent l'occident ; restez unis : c'est votre intérêt et celui de vos chefs.

Mais l'homme oublia ces conseils de la raison ; des esprits pervers semèrent la défiance d'un bout du monde à l'autre, et la crainte arma les nations contre les nations ; bientôt les peuples ne virent plus dans leurs chefs que des ennemis, et les chefs ne virent dans les peuples que des animaux indociles et dangereux.

Chefs des nations, fermez l'oreille aux discours des flatteurs ; écoutez la nature : elle vous crie que nous sommes tous les membres d'une même famille.

Protégez le faible ; soulagez le pauvre ;

honorez l'homme utile ; récompensez l'homme laborieux ; consultez le sage ; éloignez l'insensé ; rendez justice à tous, et vous n'aurez pas d'ennemis.

Craignez les plaintes des malheureux : elles parcourent la terre ; elles traversent les mers ; elles pénètrent les cieux ; elle changent la face des états. Il ne faut qu'un soupir de l'innocent opprimé pour remuer le monde.

Fondez des écoles, faites fleurir les sciences, répandez la lumière.

Vous demandez si vous en serez mieux obéis ? — Oui, parce que le peuple jugera mieux de la justice des lois :

S'il payera mieux les tributs ? — Oui, parce qu'il verra que vous ne lui en demandez que de nécessaires :

Si les soldats combattront avec plus de zèle ? — Oui, parce qu'ils auront des chefs plus éclairés.

Les sages, les hommes instruits diront les fautes que vous aurez faites, et vous apprendront à n'en plus faire.

Qu'ils puissent dire librement ce qu'ils pensent. Si quelques-uns d'eux répandent des erreurs, ces erreurs seront combattues par d'autres sages, et du choc des opinions naîtra la vérité.

Soyez sobres, économes, vigilans, justes ; donnez des emplois à ceux qui aiment le peuple ; punissez ceux qui font haïr votre autorité ; récompensez ceux qui la font aimer : c'est ainsi que vous attacherez tous les citoyens à la patrie.

Que ce soit la justice qui vous dirige ; elle épure, elle élève les cœurs des peuples et de ceux qui les gouvernent ; elle leur rappelle sans cesse leurs devoirs mutuels ; elle entretient dans les magistrats les égards pour les citoyens ; elle nourrit dans ceux-ci l'amour de la liberté et des lois ; elle inspire la bienfaisance, mais une bienfaisance utile, modérée, et non cette bienfaisance fastueuse, qui enrichit quelques hommes de la substance du peuple, et qui engendre la paresse et l'esclavage. Toutes les vertus sont fondées sur la justice ; elle est la seule dont l'excès n'est jamais à craindre.

Faites le bien avant qu'on ne dise de vous : *Il n'est plus.*

Un fils vint se plaindre au magistrat d'un homme qui avait calomnié sa mère, et en demander vengeance. O mon fils, lui dit-il, tu vas faire plus de tort à ta mère que le calomniateur ! tu vas faire penser qu'elle ne t'a pas appris à pardonner.

Quelle différence y a-t-il entre un ami des hommes et celui qui n'aime que soi ? — Tous deux traversent un grand fleuve à la nage avec plusieurs de leurs frères : l'égoïste s'écarte de la troupe pour nager plus commodément, et arrive seul au rivage. L'ami des hommes au contraire nage avec la troupe, et tend quelquefois la main à ses compagnons.

O toi qui prétends à la perfection,

apprends d'abord à être indulgent pour tes frères !

Donne de la force à ta raison ; fais-toi des images vives du bonheur qui est la récompense du sage, et des malheurs dans lesquels tombe l'insensé : tu intéresseras ton cœur à être vertueux. Ne sépare pas dans ta mémoire le précepte de l'exemple ; que la vertu soit sans cesse présente à tes yeux ; qu'elle te paraisse si belle, qu'il te soit impossible de ne pas l'aimer. Si, malgré tout cela, tu chancèles encore quelquefois dans le chemin de la vie, relève-toi avec courage.

Jamais le souverain arbitre des destinées ne laissa sans plaisir le cœur de l'homme vertueux, ni une bonne action sans récompense.

S'il accorde quelquefois le sommeil aux méchans, c'est afin que les bons soient tranquilles.

53.
PENSÉES MORALES
DE LA BRUYÈRE. (1)

L'homme qui dit qu'il n'est pas né heureux, pourrait du moins le devenir par le bonheur de ses amis ou de ses proches. L'envie lui ôte cette dernière ressource.

Otez les passions, l'intérêt, l'injustice, quel calme dans les plus grandes villes ! les besoins et la subsistance n'y font pas le tiers de l'embarras.

Il y a de certains biens que l'on désire avec emportement, et dont l'idée seule nous enlève et nous transporte. S'il nous arrive de les obtenir, on les

---

(1(Il naquit à Dourdan il y a 160 ans, et mourut il y a 103 ans.

sent plus tranquillement qu'on ne l'eût imaginé ; on aspire encore à de plus grands.

Il y a d'horribles malheurs auxquels on n'ose penser, et dont la seule vue fait frémir : s'il arrive que l'on y tombe, on se trouve des ressources que l'on ne connaissait point ; on se roidit contre son infortune, et l'on fait mieux qu'on ne l'espérait.

Il n'y a rien que les hommes aiment mieux à conserver, et qu'ils conservent moins que leur propre vie.

La mort n'arrive qu'une fois. Il est plus dur de l'appréhender que de la souffrir.

L'ennui est entré dans le monde par la paresse ; elle a beaucoup de part dans la recherche que font les hommes des plaisirs et du jeu. Celui qui aime le travail a assez de lui-même.

La modestie est au mérite ce que les ombres sont aux figures dans un tableau : elle lui donne de la force et du relief.

Un homme vain trouve son compte à dire du bien ou du mal de lui. Un homme modeste ne parle pas de lui-même.

Nous cherchons notre bonheur hors de nous et dans l'opinion des hommes que nous connaissons flatteurs, peu sincères, sans équité, pleins d'envie, de caprices et de préventions : quelle bizarerie !

C'est par faiblesse que l'on hait un ennemi, et que l'on songe à s'en venger.

Si on ne le voyait de ses yeux, pourrait-on jamais imaginer l'étrange disproportion que le plus ou le moins de pièces de monnaie met entre les hommes ?

Il y a des misères sur la terre qui saisissent le cœur. Il manque des hommes jusqu'aux alimens ; ils redoutent l'hiver ; ils appréhendent de vivre ;

tandis que d'autres mangent des fruits précoces, forcent la terre et les saisons pour fournir à leur délicatesse, et ont l'audace d'avaler, en un seul morceau, la nourriture de plusieurs familles.

L'esclave n'a qu'un maître : l'ambitieux en a autant qu'il y a de gens utiles à sa fortune.

Ceux qui emploient mal leur tems, sont les premiers à se plaindre de sa brièveté. Comme ils le consument à s'habiller, à manger, à dormir, à de sots discours, à se résoudre sur ce qu'ils doivent faire, et souvent à ne rien faire, ils en manquent pour des occupations utiles. Ceux, au contraire, qui en font un meilleur usage, en ont de reste.

C'est une chose monstrueuse que le goût et la facilité qui est en nous de railler, d'improuver et de mépriser les autres, et, tout ensemble, la colère que nous ressentons contre ceux qui nous raillent, nous improuvent et nous méprisent.

Une grande ame est au-dessus de l'injustice, de la douleur, de la raillerie. Elle serait invulnérable, si elle ne souffrait par la compassion.

On connaît ses moindres avantages; on est aveugle sur ses défauts.

On compte presque pour rien les vertus du cœur; et l'on idolâtre les talens du corps et de l'esprit.

Les hommes, en un même jour, ouvrent leur ame à de petites joies, et se laissent dominer par de petits chagrins. Le remède à ces mots est de n'estimer les choses du monde précisément que ce qu'elles valent.

Tout paraît grand aux enfans, les cours, les jardins, les édifices, les meubles, les hommes, les animaux. Les choses du monde paraissent de même aux hommes, et, par la même raison, parce qu'ils sont petits.

C'est se venger contre soi-même, et

donner un trop grand avantage à ses ennemis, que de leur imputer des choses qui ne sont pas vraies, et de mentir pour les décrier.

Si l'homme savait rougir de lui-même, quels crimes, non-seulement cachés, mais publics et connus, ne s'épargnerait-il pas ?

54.

PENSÉES MORALES
DE GUILLAUME PENN. (1)
CHAPITRE PREMIER.

Nous sommes très-enclins à censurer les autres, même d'une manière tran-

---

(1) Il naquit à Londres il y a 155 ans, donna des lois à la Pensylvanie, y fonda la ville de Philadelphie il y a 119 ans, retourna en Angleterre, et y mourut il y a 81 ans. Il contribua beaucoup à répandre la doctrine des Quakers.

chante, et cependant nous ne saurions souffrir qu'ils nous donnent des avis. Rien ne découvre mieux notre faiblesse, que d'avoir de si bons yeux pour voir les défauts des autres, et d'être aveugles sur les nôtres.

La frugalité est louable, si l'on y joint la libéralité. La première nous apprend à retrancher toutes dépenses superflues, et l'autre à les employer au profit de ceux qui en ont besoin. La frugalité sans libéralité, est le premier pas vers l'avarice ; et la libéralité sans frugalité, est le premier pas vers la prodigalité. Les deux réunies forment un caractère excellent.

Si ces deux qualités se suivaient partout, elles nous garantiraient des deux extrêmes, le besoin et l'excès. L'un porterait remède à l'autre, et nous ramènerait à ce juste milieu qui est ici bas le point le plus près du bonheur.

C'est une honte pour les mœurs publiques, que l'on voie tant de pauvreté d'un côté, et tant d'excès de l'autre.

Si tu veux que le bonheur et l'aisance règnent chez toi, tu dois par-dessus tout y maintenir l'ordre et l'activité.

Aime le travail ; car, même en supposant que tu n'aies pas besoin de travailler pour vivre, tu t'en porteras mieux. Le travail n'est pas moins salutaire à l'ame qu'au corps : il prévient les mauvais effets de l'oisiveté.

Un jardin, un laboratoire, un atelier, des améliorations, sont, pour ceux qui ont du tems de reste, des amusemens innocens et utiles. Ces sortes d'occupations, en nous gardant des mauvaises compagnies, nous font étudier la nature et l'art, nous font découvrir une variété de choses aussi agréables qu'instructives, et entretiennent la santé de l'ame aussi bien que celle du corps.

Mange pour vivre, et ne vis pas pour

manger ; l'un est d'un homme, l'autre est même au-dessous de la bête.

On a fait des volumes entiers de recettes pour la cuisine ; mais il n'en est point qui équivale à un bon appétit, que l'on peut presque toujours se procurer par la tempérance et l'industrie.

Si tu veux te remettre à table avec appétit, quitte-la avant de l'avoir tout-à-fait perdu.

Moins les boissons sont fortes, plus on a la tête libre et les sens rassis ; et nous en retirons un double avantage, c'est d'être toujours d'une humeur égale, et beaucoup plus propres pour les affaires.

Les liqueurs fortes sont bonnes par fois, et en petite quantité ; mais on devrait plutôt en user comme de remèdes et de liqueurs cordiales, qu'en faire une habitude continuelle.

Les choses les plus communes sont les plus utiles ; ce qui prouve la sagesse et la bonté du père commun des hommes.

Ne fais donc point un usage trop fréquent de ce que le créateur nous donne avec épargne, de peur de changer l'ordre naturel des choses, et de trouver, en t'adonnant à l'excès et à la volupté, ton châtiment dans ce qui était fait pour ton bonheur.

Tout excès est un défaut ; mais le pire de tous est celui de la boisson. L'ivrognerie dérange la santé et l'esprit, et rabaisse l'homme au-dessous de lui-même, lui fait révéler ce qui devait être secret, le rend querelleur, lascif, impudent, dangereux, insensé. Enfin un homme ivre n'est plus un homme : car ce qui distingue l'homme de la bête, c'est la raison : et l'homme ivre est si éloigné d'en avoir !

L'extravagance dans la manière de se vêtir, est un autre genre de folie bien dispendieux.

Quand tu choisis tes vêtemens, vise à la commodité et à la décence, mais point à la vanité.

C'est avec vérité qu'on dit que la modestie et la douceur sont les plus riches et les plus beaux ornemens de l'ame, et que plus la parure est simple, plus la beauté de ces qualités paraît dans tout son lustre.

55.
PENSÉES MORALES
DE GUILLAUME PENN.
CHAPITRE SECOND.

Ne te marie jamais que par amitié; mais aie soin de n'aimer que ce qui mérite de l'être.

Si l'amitié n'est ton principal motif, tu seras bientôt dégoûté du mariage, et tu oublieras bientôt tes promesses, pour aller chercher ailleurs des plaisirs défendus.

Ceux qui se marient par intérêt ne sauraient se trouver heureux dans le mariage : l'essentiel y manque.

Si tu as fait injure à quelqu'un, avoue-le plutôt que de te défendre. Il y a des gens qui croyent que leur honneur s'oppose à ce qu'ils fassent la réparation d'une injure; mais comment peut-il y avoir de l'honneur à soutenir une action qu'il y a du déshonneur à faire?

Si l'on voulait disputer sur tout ce qui peut donner lieu à des disputes, on n'en finirait pas.

Vise au bonheur, non à la richesse : cette dernière consiste à avoir ses sacs pleins ; pour l'autre, il ne faut qu'avoir l'esprit content, et les richesses ne procurent point le contentement.

Si tu veux être heureux, ne porte point tes idées plus haut que ta condition ne le permet, et sois de la plus grande indifférence pour tout ce qui n'est point absolument nécessaire.

Il

Il y a bien des gens pour qui c'est un malheur d'être riche ; l'homme de plaisir prodigue ses richesses, l'avare entasse ; mais il n'y a que l'homme de bien qui sache en faire un bon usage.

Que ton estime ou ton mépris, soit pour toi, soit pour les autres, ne dépende point du plus ou du moins d'argent. Sache plutôt qu'il n'y a que le vice qui soit digne de mépris, et que la vertu seule a des droits à notre estime.

On estime une montre qui va bien ; jugeons des hommes de même.

Celui qui a un autre motif pour honorer un homme, se prosterne devant une idole.

La colère est pour l'ame une espèce de fièvre, qui laisse toujours le malade plus faible que quand elle l'a pris.

Rien ne nous met tant hors d'état de faire usage de notre raison ; elle nous entoure d'un nuage de poussière que nos yeux peuvent à peine percer.

Il y a cinq qualités requises pour un homme en place : du talent, de l'intégrité, de l'activité, de la patience et de l'impartialité.

Celui qui n'entend pas le genre d'affaires dont il est chargé, quelqu'instruit qu'il soit d'ailleurs, n'est pas fait pour remplir la place qu'il occupe, et le public souffre de son ignorance.

Les talens doivent être accompagnés de justice, sans quoi ils feront plus de mal que de bien.

On devrait condamner ceux qui reçoivent des présens, ou qui se laissent corrompre de quelque manière que ce soit, à une amende aussi sévère que s'ils avaient fraudé l'état.

Il est de la sagesse aussi bien que du devoir de l'homme en place de refuser ou d'accorder sans délai.

Différer de rendre justice est une injustice.

Rien ne fait mieux voir un mauvais caractère, que de diminuer le prix des bonnes actions et d'aggraver les fautes d'autrui.

Il y a des gens qui, plus ils manquent de réputation eux-mêmes, plus ils envient aux autres la leur.

C'est faire voir que l'on a plus d'ambition que de mérite ; que d'envier aux autres la récompense qui leur est due ; et c'est en outre prouver un bien mauvais caractère, d'aimer mieux refuser aux autres ce qui leur appartient, que de leur donner les louanges qu'ils méritent.

Rien ne fait voir tant de folie et de mauvaise foi, que de retrancher tout ce qu'on peut du mérite et de la réputation d'autrui.

Cette envie, qui est enfant de l'orgueil, fait passer la bienfaisance pour ostentation, la sobriété pour avarice, la modestie pour finesse ; elle suppose que l'homme vertueux a ses desseins. Avec elles, il y a toujours un *mais* qui déprécie les meilleures qualités. Quelle basse jalousie ! et combien elle rend méprisables ceux qui l'ont!

Ceux qui ont une belle ame se réjouissent au contraire du succès des autres, et leur paient avec plaisir le tribut des louanges qu'ils méritent. C'est une preuve que l'amour de la vertu existe chez eux, puisqu'ils prennent plaisir à la voir récompenser.

56.
PENSÉES MORALES
DE GUILLAUME PENN.
CHAPITRE TROISIEME.

Ceux qui veulent prendre un vol trop haut, font souvent de terribles chûtes. Les plus grands arbres sont exposés aux coups de vent, et les ambitieux aux revers de la fortune.

Ceux qui, dans la prospérité, n'avaient point d'entrailles pour les malheureux, ne doivent pas s'attendre qu'on les plaigne dans leur chûte.

L'ambition est la pire de toutes les maladies. L'ambitieux demande toujours ; il n'a jamais assez. Toujours inquiet et haï, il est dans un délire continuel, insupportable dans la prospérité, vindicatif quand ses espérances sont trompées.

Nous sommes plus envieux de recevoir des louanges que de les mériter.

Mais pour les mériter vraiment, il faut aimer la vertu plus que les louanges.

On doit être sur ses gardes aussi bien pour donner que pour revevoir des louanges. Lorsqu'on loue, il faut avoir soin de le faire avec mesure, et ne dire que ce que l'on pense.

Si nous paraissons ne louer qu'à regret, cela a l'air de la jalousie, et, au contraire, de flatterie, si nous passons les bornes.

On ne saurait être trop sur ses gardes

quand on reçoit des louanges. Comme nous sommes toujours plus enclins à croire ce qui nous flatte, que ce qui est vrai, il pourrait bien se faire que les complimens, nous enflant le cœur, nous fissent oublier la juste mesure de notre propre mérite.

Un des grands plaisirs de la vie est d'être exempt de toute gêne ; mais c'est une aisance que les gens difficiles ne sauraient se procurer.

Aussi vaut-il mieux accoutumer les enfans à une nourriture grossière et simple, que de leur apprendre à être si recherchés et si délicats.

Celui qui a appris à se contenter de peu, doit plus à la sagesse de son père, que celui qui hérite de grands biens ne doit à l'industrie du sien.

On ne saurait donner aux enfans une éducation trop mâle et trop vigoureuse; elle leur apprend à s'arranger de tout, en quelque passe qu'ils se trouvent ; elle les rend plus forts et plus actifs.

Il est même certain qu'elle leur tient l'esprit bien plus libre ; car alors l'esprit est le maitre au lieu d'être l'esclave du corps.

Je ne vois rien chez les anciens qui mérite plus d'éloges que leur méthode sévère et utile d'élever la jeunesse.

Ils avaient soin de prévenir chez eux le luxe par le travail, jusqu'à ce que la sagesse leur eût appris à y résister et à le mépriser.

La charité, ou amour de nos semblables, nous porte à leur tendre la main pour les retirer de la misère.

Ceux qui n'ont pas cette bienveillance, ne méritent pas de partager le nom de frère avec les autres hommes ; car comment peut-on être homme sans entrailles ?

Appellerai-je homme celui qui voit, sans être touché, les besoins et la misère de ceux qui sont formés du même sang et de la même chair que lui.

La charité voit tout du meilleur côté.

aussi bien les personnes que les choses. Elle n'espionne point, ne médit point; elle sait excuser les faiblesses, diminuer les fautes ; donne la meilleure explication à tout ; pardonne et rend service à tous.

Dans les cas extrêmes, elle met de la modération ; elle sait trouver des expédiens, pacifier des querelles, et aime mieux perdre que de se venger.

Enfin, elle est le remède universel contre la discorde, et le lien le plus sacré de la société.

Elle embrasse toute la religion. C'est la seule chose nécessaire. Plût à Dieu que cette vertu divine fût plus répandue, et enracinée dans le cœur de tous les hommes ! On les verrait s'occuper de la vraie piété, plutôt que de controverse ; se montrer les uns aux autres de l'amour et de la compassion, plutôt que de se censurer et de se persécuter en aucune manière que ce soit.

57.
PENSÉES MORALES
DE FÉNÉLON. (1)
CHAPITRE PREMIER.

La simplicité est la plus aimable de toutes les vertus. Si les hommes voulaient vivre simplement, on verrait par-tout l'abondance, la joie, l'union et la paix. Un jeune homme qui aime à se parer vainement comme une femme, est indigne de la sagesse et de la gloire. Une vie sobre et modérée, simple, exempte d'inquiétudes et de passions, réglée et laborieuse, retient dans les membres d'un homme sage la vive jeu-

---

(1) Il naquit dans la ci-devant province du Périgord il y a 148 ans, et mourut à Cambrai il y a 84 ans.

nesse, qui, sans ces précautions, est toujours prête à s'envoler sur les ailes du tems.

C'est une honte pour les hommes qu'ils aient tant de maladies ; car les bonnes mœurs produisent la santé.

Les pauvres sont souvent moins malades, faute de nourriture, que les riches ne le deviennent pour en prendre trop.

Les vrais biens sont la santé, la force, le courage, la paix, l'union des familles, la liberté de tous les citoyens, le simple nécessaire, l'habitude du travail, l'émulation pour la vertu, et la soumission aux lois.

Plus il y a d'hommes dans un pays, pourvu qu'ils soient laborieux, plus ils jouissent de l'abondance.

Heureux les hommes à qui la vertu se montre dans toute sa beauté ! Peut-on la voir sans l'aimer ? Peut-on l'aimer sans être heureux ?

L'homme véritablement libre est celui qui, dégagé de toute crainte et de tout désir, n'est soumis qu'à la raison.

Le malheur dépend moins des choses qu'on souffre, que de l'impatience avec laquelle on augmente son malheur.

Dans les plus terribles revers, le vrai courage trouve toujours quelques ressources.

Souviens-toi de la fragilité des choses humaines : celui qui est dans la prospérité doit craindre d'en abuser, et secourir le malheureux.

Les hommes insolens pendant la prospérité, sont toujours faibles et tremblans dans la disgrace.

La nécessité apprend aux hommes ce qu'ils ne pourraient jamais savoir autrement.

Ceux qui n'ont jamais souffert ne savent rien ; ils ne connaissent ni les biens ni les maux; ils ignorent les hommes ; ils s'ignorent eux-mêmes.

La gloire n'est due qu'à un cœur qui

sait souffrir la peine et fouler aux pieds les plaisirs.

Avant que de se jeter dans le péril, il faut le prévenir et le craindre ; mais quand on y est, il ne reste plus qu'à le mépriser.

La valeur ne peut être une vertu ; qu'autant qu'elle est réglée par la prudence.

Quiconque préfère sa propre gloire aux sentimens de l'humanité, est un monstre d'orgueil, et non pas un homme.

Il n'y a ni vertu, ni vrai courage, ni gloire solide sans humanité.

Il ne faut jamais songer à la guerre que pour défendre sa liberté.

Aimez votre famille plus que vous-même ; aimez votre patrie plus que votre famille ; mais aimez le genre humain encore plus que votre patrie.

Toutes les nations de la terre ne sont que les différentes familles d'une même république, dont Dieu est le père commun. La loi naturelle et universelle selon laquelle il veut que chaque famille soit gouvernée, est de préférer le bien public à l'intérêt particulier.

Si les hommes suivaient cette loi naturelle, chacun ferait par raison et par amitié ce qu'il ne fait souvent que par intérêt ou par crainte. Mais les passions nous aveuglent, nous corrompent, et nous détournent de l'observation de cette loi. Il a fallu la commenter et la faire exécuter par des lois civiles, et créer une autorité qui juge de leurs imperfections, et qui maintienne l'ordre public. Autrement il y aurait autant de gouvernemens arbitraires que de têtes.

L'amour du peuple, le bien public, l'intérêt général de la société est donc la loi immuable et universelle de ceux qui gouvernent. Cette loi est antécédente à tout contrat ; elle est fondée sur la nature même ; elle est la source et la règle de toutes les autres lois. Ceux qui gouvernent doivent être les plus obéissans à cette loi primitive ; et ils ne sont dignes de gouverner, qu'autant qu'ils s'oublient pour le bien public.

58.
PENSÉES MORALES
DE FÉNÉLON.
CHAPITRE SECOND.

Le despotisme des gouvernans est un attentat sur les droits de la fraternité humaine. C'est renverser la grande loi de la nature, dont ils sont les conservateurs.

La sagesse de tout gouvernement consiste dans une liberté réglée par la seule autorité des lois.

Il faut que les gouvernans sachent que l'abus du pouvoir est une frénésie qui ruine leur autorité. Quand ils s'accoutument à ne connaître d'autres lois que leurs volontés, ils sapent le fondement de leur puissance.

Nulle puissance ne peut forcer le retranchement impénétrable de la liberté du cœur. La force ne peut jamais persuader les hommes : elle ne fait que des hypocrites.

Que la liberté religieuse soit donc acordée à tous, qu'on souffre avec patience ce que Dieu souffre, et qu'on tâche de ramener les hommes par une douce persuasion.

Heureux celui qui n'étant point l'esclave d'autrui, n'a pas la folle ambition de faire d'autrui son esclave !

Le rempart le plus sûr d'un état est la justice, la modération, la bonne foi.

La sagesse n'a rien d'austère ni d'affecté ; c'est elle qui donne les vrais plaisirs ; elle sait mêler les jeux et les ris avec les occupations graves et sérieuses ; elle prépare le plaisir par le travail, et le travail par le plaisir.

La fausse vertu est âcre, critique, sévère et implacable ; la vraie vertu est toujours égale, douce, affable et compatissante.

Elle s'accommode aux imperfections des autres, pour les guérir patiemment.

Elle s'atendrit sur leurs maux, ne comptant pour rien les siens ; elle console, elle se proportionne, elle se rapetisse avec les petits, elle s'élève avec les hommes élevés. Elle pleure avec ceux qui pleurent ; elle se réjouit avec ceux qui se réjouissent. Elle est toute à tous, non par une apparence forcée et par une démonstration sèche, mais par l'abondance du cœur. Rien n'est si sec, si dur, si froid, si resserré, qu'un cœur qui s'aime seul en toutes choses. Rien n'est si tendre, si ouvert, si vif, si doux, si aimable, qu'un cœur qui est plein de l'amour de ses semblables.

On doit se consoler aisément des rides qui viennent sur le visage, pendant que le cœur s'exerce et se fortifie dans la pratique de la vertu.

C'est faiblesse, c'est vanité, c'est ignorance grossière de son propre intérêt, que d'espérer de pouvoir cacher ses fautes, en affectant de les soutenir avec fierté et avec hauteur.

Les méchans se défient des méchans et les détestent; mais ceux qui ont le goût de la vertu, ne peuvent être ensemble sans être unis par la vertu qu'ils aiment.

Le sage agrandit sa sagesse par toute celle qu'il recueille en autrui.

Un champ fertile et bien cultivé est le vrai trésor d'une famille assez sage pour vivre frugalement comme ses pères ont vécu.

Le cœur des mortels compte toujours pour rien ce qu'il a le plus désiré, dès qu'il le possède ; et il est ingénieux pour se tourmenter sur ce qu'il ne possède pas encore.

Soyez en garde contre votre humeur;

elle obscurcit tous les talens, rend un homme inégal, vil, insupportable, et fait perdre les occasions les plus importantes.

Il n'est jamais permis d'être ingrat, même envers les méchans.

Le bien qu'on fait n'est jamais perdu.

59.
PENSÉES MORALES
D'YOUNG. (1)
CHAPITRE PREMIER.

Sur l'emploi du tems.

Le tems, ce bien plus sacré, plus précieux que l'or, est pour l'homme un fardeau plus pesant et plus vil que le

(1) Il naquit en Angleterre il y a 115 ans, et y mourut, ministre du culte protestant, il y a 34 ans.

plomb. Nous recevons avec indifférence et sans en tenir compte, les jours qui nous sont distribués ; nous dissipons les années l'une après l'autre, sans acquitter la dette de la vertu. Mortel ! tu ne sais pas ce que vaut un instant ! cours le demander à l'homme étendu sur son lit de mort.... Soyons avares du tems ; ne laissons les heures sortir de nos mains qu'avec épargne, qu'avec fruit, qu'avec regret, comme nous cédons notre or, ou une portion de notre sang, et ne souffrons pas qu'aucun de nos jours s'écoule sans avoir grossi le trésor de nos vertus.

La nature tient sous nos yeux une école où elle instruit le genre-humain : l'emploi du tems est la leçon qu'elle lui répète. Nous mourons tous les soirs ; nous renaissons tous les matins ; chaque jour est une vie complète et différente. Cette différence nous échappe, et nous confondons le jour qui nous luit avec celui qui l'a précédé. Cependant, comme on ne se baigne jamais deux fois dans les mêmes eaux d'un fleuve, on ne se réveille jamais deux fois dans la même vie. Le fleuve et la vie s'écoulent et changent sans cesse sans paraître changer. Nous ne remarquons pas ce volume immense et des ondes et des jours qui est allé s'abimer pour jamais dans le séjour des mers et dans celui des tems. Occupés d'amusemens frivoles, nous suivons gaiement les flots qui nous entrainent; nous descendons doucement, et les yeux fermés, la pente rapide qui nous mène à la mort.

Les siècles ont vu naître assez de philosophes qui ont raisonné sur le prix du tems, et qui en ont recommandé l'emploi. Mais que le sage qui sait apprécier une heure et lui faire rapporter toute sa valeur, est un être rare ! Il en fut un cependant qui s'écria : *J'ai perdu un jour !* parce qu'il l'avait passé sans faire du bien.

Cet homme vertueux a parlé comme

la raison parle à tous les hommes : elle leur crie que le tems est dans nos mains un instrument fécond en merveilles, et l'agent tout-puissant du bien ou du mal.

Loin de racheter le tems perdu, nous achetons à grands frais les moyens d'en perdre le reste. Nous l'aliénons sans remords pour de vaines bagatelles. Nous laissons des vides stériles et nombreux dans l'espace de notre vie. Ce n'est pas là l'exemple que nous donne la nature; elle emploie tous les instans. Actif et laborieux comme elle, l'homme de bien féconde tous les momens de sa durée. Le tems ne le surprend jamais sans trouver la vertu dans ses actions ou dans ses projets. Elle remplit, elle immortalise tous les instans de son existence fugitive. Aucun ne passe sans l'enrichir; il lève sur ses heures un tribut, et chacune lui paye, en fuyant, un revenu immense.

N'accusons que nous de l'ennui que

nous éprouvons quand nous sommes oisifs, et rendons justice à la nature. C'est une loi de l'éternel, que l'homme qui abuse du tems, et qui consume sa vie dans la frivolité, sera tourmenté de sa propre existence.

Dieu attache le plaisir à l'emploi du tems, la peine à sa perte. Si l'ennui nous gagne, courons au travail : le remède est infaillible. Ne prenons jamais l'inaction pour le repos. Les soins de la vie en font la consolation et l'agrément. Celui qui n'en a point, est obligé de s'en créer, de s'en imposer de volontaires, sous peine de rester malheureux. L'ame jouit quand elle est occupée; oisive, elle éprouve des tourmens insupportables. La joie est un fruit qui ne peut croître que dans le champ du travail, et quand ce n'est pas un plaisir, c'est un supplice d'exister.

Voyez ces sybarites efféminés : la moindre fatigue les accablerait, leur main serait blessée du poids d'un fuseau ; leur existence même leur est à charge. Sans les amusemens variés qui soutiennent et renouvellent leur être, ils succomberaient. Tant que le jour dure, on les voit comme ces insectes légers et brillans, folâtrer et s'ébattre. Les deux mondes leur doivent des parfums, des sucs esquis. Il leur faut des folies changeantes, des plaisirs frais, pour les aider à traîner sans murmure le poids de leur existence, pendant l'inépuisable longueur d'une rapide journée. Hommes toujours en enfance, et que les erreurs bercent en riant, songez-vous que vous abusez d'une ame immortelle, et que vous prenez des hochets dans un jour de combat ? Pour vous, s'amuser c'est vivre. Mais tel est le sort réservé à l'homme frivole : il fuit l'ennui ; l'ennui s'attache à ses pas, et le poursuit toute sa vie. Voulez-vous jouir des heures, et n'être pas sujet à les regretter quand elles sont écoulées ? consacrez-les à la vertu. Leur fuite est insensible pour l'homme de bien ; il ne se plaint ni du tems, ni de la vie, ni de la mort : il marche en paix, et d'un pas égal avec la nature.

60.
PENSÉES MORALES
D'YOUNG.
CHAPITRE SECOND.

Sur le bien et sur le mal.

N'ATTRIBUONS pas nos maux à la providence. Des maux, Dieu bienfaiteur ! ils ne sont pas de toi ; tu n'en as pas fait ; ils sont l'ouvrage de l'homme : il en a créé une foule. Nous sommes les artisans de nos peines. Nous souffrons de nos vices, de nos erreurs et de notre folie, et nous osons en accuser la nature ! Tout ce que Dieu fait est bon.

bon. La peine est un bien : elle nous avertit d'être vertueux. La mort est un bien : elle nous immortalise. Tout ce qui est un mal dans l'ordre physique peut devenir un bien dans l'ordre moral. Il n'est point de mal absolu, que le vice; il n'est point de vrai malheureux, que le vicieux.

Et même dans le monde physique n'y a-t-il que les phénomènes brillans et les scènes riantes de la nature qui aient droit à notre reconnaissance. Nous la devons encore à son auteur pour les tristes révolutions et les scènes de terreur dont elle nous épouvante. Le sombre hiver est utile comme le printems. La foudre, qui nous effraie de ses éclairs, n'est pas moins nécessaire que le soleil, qui réjouit nos yeux de ses rayons. Une masse immobile de vapeurs croupissantes rendrait l'air contagieux et mortel ; les orages qui l'épurent et le renouvellent sont bons comme l'haleine caressante des zéphyrs. Il est bon que les insensible pour l'homme de bien ; il ne se plaint ni du tems, ni de la vie, ni de la mort : il marche en paix, et d'un pas égal avec la nature.

60.
PENSÉES MORALES
D'YOUNG.
CHAPITRE SECOND.

Sur le bien et sur le mal.

N'ATTRIBUONS pas nos maux à la providence. Des maux, Dieu bienfaiteur ! ils ne sont pas de toi ; tu n'en as pas fait ; ils sont l'ouvrage de l'homme : il en a créé une foule. Nous sommes les artisans de nos peines. Nous souffrons de nos vices, de nos erreurs et de notre folie, et nous osons en accuser la nature ! Tout ce que Dieu fait est bon.

bon. La peine est un bien : elle nous avertit d'être vertueux. La mort est un bien : elle nous immortalise. Tout ce qui est un mal dans l'ordre physique peut devenir un bien dans l'ordre moral. Il n'est point de mal absolu, que le vice; il n'est point de vrai malheureux, que le vicieux.

Et même dans le monde physique n'y a-t-il que les phénomènes brillans et les scènes riantes de la nature qui aient droit à notre reconnaissance. Nous la devons encore à son auteur pour les tristes révolutions et les scènes de terreur dont elle nous épouvante. Le sombre hiver est utile comme le printems. La foudre, qui nous effraie de ses éclairs, n'est pas moins nécessaire que le soleil, qui réjouit nos yeux de ses rayons. Une masse immobile de vapeurs croupissantes rendrait l'air contagieux et mortel ; les orages qui l'épurent et le renouvellent sont bons comme l'haleine caressante des zéphyrs. Il est bon que les volcans mugissent et s'allument : leurs flammes, concentrées dans le sein des montagnes, pourraient miner, ébranler le fondement du globe. L'Etna sert l'homme quand il vomit ses feux. La comète, que l'ignorant contemple avec effroi, sourit à l'astronome qui sait la voir. L'astre se dégage plus brillant des ombres qui l'ont éclipsé.

C'est l'emblême de la vertu. Dans la prospérité, elle est sous un voile qui l'ombrage. Le malheur le déchire : elle sort du nuage, et se montre dans tout son éclat. La joie que produit l'ivresse de la fortune, nous trahit ; elle est vaine comme elle, elle expire avec elle. La paix, dans l'adversité, élève et fortifie l'ame. Dans cette pénible arène, la vertu combat et triomphe. L'athlète courageux, luttant avec le malheur, est un spectacle qui rend la terre et les cieux attentifs. Il remplit alors la tâche d'un homme. Le héros se juge dans une bataille, le pilote, dans la tempête, et l'homme vertueux, dans les calamités.

Que nous sommes aveugles de perdre nos malheurs ! Le plus infortuné devrait sourire dans ses larmes. Bannissons la tristesse ; c'est un blasphême contre le créateur écrit sur nos fronts. Soyons toujours calmes et sereins, mais sur-tout dans l'infortune.

Non, je ne croirai pas que ce soit un malheur d'être homme. Je paierai, sans murmurer, le faible tribut imposé sur la vie. Il faut renoncer à l'existence, ou accepter les maux qui en sont inséparables. Le premier pas vers le bonheur, c'est d'être convaincu que c'est une nécessité de souffrir.

Connaissons notre dignité, ne nous attachons pas à des fantômes, renonçons à toutes les petites passions, et nous ne serons pas malheureux. Le bonheur n'est fait que pour une ame grande dans ses désirs et dans ses vues. Tout ce qui est petit et vil, en nous éloignant de la vertu, nous rapproche du mal et de la peine. La vertu ne peut entrer dans un cœur étroit. Le vice est un défaut de capacité dans l'ame, et d'étendue dans la pensée.

Toi qui cherches la grandeur dans les dignités, et non dans la vertu, dis-moi quel est le poste où ton ambition aspire ?... La fortune l'accorde à tes vœux : t'y voilà placé..... Regarde-toi maintenant : te trouves-tu plus grand ? Si tu le crois, cet orgueil qui t'enfle décèle ta bassesse. Tu avais donc besoin d'un échafaud pour t'élever au-dessus des autres ? Il importe peu sur quelle base tu es placé, mais quelle est ta propre grandeur. Voilà ce qu'il faut considérer pour t'apprécier. Portez un pygmée sur le sommet des Alpes, vous l'exhausserez, mais vous ne le rendrez pas plus grand. C'est l'homme qui crée ses propres dimensions : l'étendue de sa vertu est la mesure de sa grandeur.

J'ai pitié de tous ces mortels qui,

après s'être glissés par des chemins tortueux dans le sein de la richesse, ou s'être élevés, en rampant vers les honneurs, veulent ensuite nous insulter, en levant au-dessus de nous leurs têtes orgueilleuses. Qu'elle est méprisable et fragile, cette gloire qui emprunte de la fortune un faux éclat que le moindre souffle peut éteindre ! Toutes les distinctions de cette courte vie ne sont qu'une écorce appliquée, et non pas unie à notre être. Enlevons ce fard imposteur dont la fortune orne ses favoris ; dépouillons leur corps de sa vaine parure ; pénétrons leur ame jusqu'au vif ; détachons d'elle tout ce qui n'est pas elle : alors jugeons sur ce qui reste, de leur petitesse ou de leur grandeur.

Rien n'est plus auguste sur la terre qu'une ame honnête et un cœur pur ; rien de plus noble que les vertus obscures et les vertus secrètes de l'homme de bien. Il coule dans la paix ses jours tranquilles ; il arrive plein d'espérance à la borne fatale où les faux héros succombent et se désespèrent. Il a vécu en grand homme ; il meurt en grand homme, quels qu'aient été ses destins et sa renommée.

61.
PENSÉES MORALES
DE VOLTAIRE. (1)
CHAPITRE PREMIER.

Les vrais philosophes sont les apôtres de la divinité. On dit à des enfans qu'il y a un dieu ; mais Newton le prouve à des sages.

A Londres, après les guerres de Cromwel, sous Charles II, comme à

(1) Il naquit à Paris il y a 105 ans, et y mourut il y a 21 ans.

Paris, après les guerres des Guises, sous Henri IV, on se piquait beaucoup d'athéisme. Les hommes ayant passé de l'excès de la cruauté à celui des plaisirs, et ayant corrompu leur esprit successivement dans la guerre et dans la mollesse, ne raisonnaient que très-médiocrement. Plus on a depuis étudié la nature, plus on a connu son auteur.

Quand nous voyons une belle machine, nous disons qu'il y a un bon machiniste, et que ce machiniste a un excellent entendement. Le monde est assurément une machine admirable ; donc il y a dans le monde une admirarable intelligence, quelque part où elle soit. Cet argument est vieux, et n'en est pas plus mauvais.

Il y a moins d'athées depuis que les physiciens ont reconnu qu'il n'y a aucun être végétant sans germe, aucun germe sans dessein, etc., et que le blé ne vient pas de pourriture.

Le plus bel hommage qu'on puisse

rendre à Dieu , c'est de prendre sa défense sans colère ; comme le plus indigne portrait qu'on puisse faire de lui, est de le peindre vindicatif et furieux. Il est la vérité même : la vérité est sans passion. C'est être disciple de Dieu , que de l'annoncer d'un cœur doux et d'un esprit inaltérable.

Les cérémonies religieuses ont partout quelque ressemblance et quelque différence ; mais on adore Dieu par toute la terre.

Faut-il que ceux qui le reconnaissent pour leur père , lui donnent toujours le spectacle de ses enfans qui se détestent , qui s'anathématisent , qui se poursuivent , qui se massacrent pour des argumens ?

Les hommes étant tous frères , et reconnaissant le même Dieu , il est exécrable que des frères persécutent leurs frères , parce qu'ils témoignent leur amour au père de famille d'une manière différente. Quel est en effet l'honnête homme qui ira tuer son frère aîné ou son frère cadet, parce que l'un aura salué leur père commun à la chinoise, et l'autre à la hollandaise ? Celui qui en userait ainsi, serait plutôt un mauvais frère qu'un bon fils.

La tolérance doit être l'apanage de l'humanité. Nous sommes tous pétris de faiblesse et d'erreurs ; pardonnons-nous réciproquement nos sottises ; c'est la première loi de la nature.

Il est clair que tout particulier qui persécute un homme, son frère, parce qu'il n'est pas de son opinion, est un monstre. Cela ne souffre pas de difficultés.

62.
PENSÉES MORALES
DE VOLTAIRE.
CHAPITRE SECOND.

Chaque animal a son instinct ; et l'instinct de l'homme, fortifié par la raison, le porte à la société comme au manger et au boire. Loin que le besoin de la société ait dégradé l'homme, c'est l'éloignement de la société qui le dégrade. Quiconque vivrait absolument seul, perdrait bientôt la faculté de penser et de s'exprimer ; il serait à charge à lui-même ; il ne parviendrait qu'à se métamorphoser en bête.

Qui nous a donné le sentiment du juste et de l'injuste?... Dieu, qui nous a donné un cerveau et un cœur.

Mais quand notre raison nous ap-

prend-elle qu'il y a vice et vertu ?...
Quand elle nous apprend que deux et
deux font quatre. Dieu nous fait naître
avec des organes qui, à mesure qu'ils
croissent, nous font sentir tout ce que
notre espèce doit sentir pour la conservation de cette espèce.

Comment ce mystère continuel s'opère-t-il ? dites-le moi, habitans de
l'Asie, Africains et Canadiens, et vous
Platon, Cicéron, Épictète. Vous sentez tous également qu'il est mieux de
donner le superflu de votre pain, de
votre riz, ou de votre manioc à l'indigent, que de le tuer ou de lui crever
les deux yeux. Il est évident à toute la
terre qu'un bienfait est plus honnête
qu'un outrage, que la douceur est
préférable à l'emportement. Il ne s'agit donc que de nous servir de notre
raison pour discerner les nuances de
l'honnête et du déshonnête. Le bien et
le mal sont souvent voisins : nos passions les confondent : qui nous éclai-

rera ? nous-mêmes, quand nous sommes tranquilles.

La morale est une, elle vient donc de Dieu comme la lumière. Il n'a point changé et ne peut changer. Nos principes de raison et de morale seront donc éternellement les mêmes. De quoi servent à la vertu de subtiles distinctions, et des persécutions fondées sur ces distinctions ? La nature, effrayée et soulevée avec horreur contre toutes ces inventions barbares, crie à tous les hommes : Soyez justes, et non des sophistes persécuteurs.

Il n'y a qu'une morale ; comme il n'y a qu'une géométrie. Mais, me dira-t-on, la plus grande partie des hommes ignore la géométrie. Oui, mais dès qu'on s'y applique un peu, tout le monde est d'accord. Les agriculteurs, les manœuvres, les artistes n'ont point fait de cours de morale ; ils n'ont lu ni Cicéron ni Aristote ;

mais sitôt qu'ils réfléchissent, ils sont, sans le savoir, les disciples de Cicéron. Le teinturier indien, le berger tartare, et le matelot d'Angleterre connaissent le juste et l'injuste. Confucius n'a point inventé un système de morale comme on invente un système de physique; il l'a trouvé dans le cœur de tous les hommes.

Cette morale était dans le cœur du préteur Festus, quand les Juifs le pressèrent de faire mourir Paul, qui avait amené des étrangers dans leur temple. Sachez, leur dit-il, que jamais les Romains ne condamnèrent personne sans l'entendre.

63.
PENSÉES MORALES
DE VOLTAIRE.
CHAPITRE TROISIÈME.

Tout annonce d'un Dieu l'éternelle existence.
On ne peut le comprendre, on ne peut l'ignorer.
La voix de l'Univers annonce sa puissance,
Et la voix de nos cœurs dit qu'il faut l'adorer.

    Mortels, tout est pour votre usage ;
    Dieu vous comble de ses présens.
    Ah ! si vous êtes son image,
    Soyez comme lui bienfaisans.

Pères, de vos enfans guidez le premier âge ;
Ne forcez point leur goût, mais dirigez leurs pas.
Etudiez leurs mœurs, leurs talens, leur courage ;
On conduit la nature, on ne la change pas.

Enfant, crains d'être ingrat. Sois soumis ; sois sincère,

Obéis, si tu veux qu'on t'obéisse un jour.
Vois ton Dieu dans ton père ; un Dieu veut ton amour.
Que celui qui t'instruit te soit un nouveau père.

    Qui s'élève trop s'avilit :
    De la vanité naît la honte ;
    C'est par l'orgueil qu'on est petit ;
    On est grand quand on le surmonte.

    La politesse est à l'esprit
    Ce que la grâce est au visage ;
De la bonté du cœur elle est la douce image,
    Et c'est la bonté qu'on chérit.

Soyez vrai, mais discret ; soyez ouvert, mais sage ;
Et sans la prodiguer, aimez la vérité :
    Cachez-la sans duplicité,
    Osez la dire avec courage.

Le premier des plaisirs et la plus belle gloire,
    C'est de répandre des bienfaits.
Si vous en recevez, publiez-le à jamais ;
Si vous en répandez, perdez-en la mémoire.

    Fuyez l'indolente paresse ;
C'est la rouille attachée aux plus brillans métaux ;
L'honneur, le plaisir même, est le fils des travaux ;
Le mépris et l'ennui sont nés de la mollesse.

Réprimez tout emportement :
On se nuit alors qu'on offense;
Et l'on hâte son châtiment,
Quand on croit hâter sa vengeance.

La dispute est souvent funeste autant que vaine :
A ces combats d'esprit crignez de vous livrer.
Que le flambeau divin qui doit vous éclairer
Ne soit pas en vos mains le flambeau de la haine.

De l'émulation distinguez bien l'envie :
L'une mène à la gloire, et l'autre au déshonneur.
L'une est l'aliment du génie,
Et l'autre est le poison du cœur.

Par un humble maintien qu'on estime et qu'on aime,
Adoucissez l'aigreur de vos rivaux jaloux;
Devant eux rentrez en vous-même,
Et ne parlez jamais de vous.

Toutes les passions s'éteignent avec l'âge;
L'amour-propre ne meurt jamais.
Ce flatteur est tyran : redoutez ses attraits,
Et vivez avec lui sans être en esclavage.

64.
PENSÉES MORALES
DE FRANKLIN. (1)
CHAPITRE PREMIER.

On trouve les impositions fort lourdes : cependant si nous n'avions à payer que celles que le gouvernement nous demande, nous ne penserions guère à nous en plaindre ; mais nous en avons une quantité d'autres plus onéreuses, et dont nous nous chargeons nous-mêmes.

Par exemple, notre *paresse* nous prend deux fois autant que le gouvernement ;

Notre *orgueil*, trois fois ;

---

(1) Il naquit à Boston il a 93 ans, et mourut à Philadelphie il y a 9 ans, après avoir puissamment contribué à la liberté de son pays.

Et notre *imprudence* , quatre fois autant encore.

S'il y avait un gouvernement qui obligeât les citoyens à donner régulièrement la dixième partie de leur tems pour son service, on trouverait assurément cette condition fort dure. Cependant la plupart d'entre nous sont taxés , par leur paresse , d'une manière beaucoup plus tyrannique. En effet , si vous comptez le tems que vous passez dans une oisiveté absolue , c'est-à-dire , ou à ne rien faire , ou dans des dissipations qui ne mènent à rien , vous trouverez que je dis vrai. L'oisiveté amène avec elle des incommodités , et racourcit sensiblement la durée de la vie. « L'oisiveté ressemble » à la rouille ; elle use beaucoup plus » que le travail. Si vous aimez la vie, » ménagez le tems ; car la vie est faite » du tems. »

Combien de tems ne donnons-nous pas au sommeil au-delà de ce que nous

devrions habituellement lui donner ?
« Si le tems est le plus précieux des
» biens, la perte du tems est donc la
» plus grande des prodigalités, puis-
» que le tems perdu ne se retrouve ja-
» mais. »

Courage donc, et agissons pendant que nous le pouvons. Moyennant l'activité, nous ferons beaucoup plus avec moins de peine : « L'oisiveté rend tout » difficile ; l'industrie rend tout aisé. » Celui qui se lève tard s'agite tout le jour, et commence à peine ses affaires qu'il est déjà nuit.

« La paresse va si lentement, que la » pauvreté l'atteint tout d'un coup. »

« Se coucher de bonne heure et se » lever matin, sont les deux meilleurs » moyens de conserver sa santé, sa for- » tune et son jugement. »

Que signifient les espérances et les vœux que nous formons pour des tems plus heureux ? Nous rendrons le tems bon en sortant de notre paresse. L'industrie n'a pas besoin de souhaits. » Celui qui vit sur l'espérance, court » risque de mourir de faim. Il n'y a » pas de profit sans peine. «

Si je n'ai point de terre, il faut me servir de mes mains. « Un métier vaut » un fonds de terre. » Une profession est un emploi qui réunit toujours pour vous l'honneur et le profit. Il faut travailler à son métier et soutenir sa réputation.

« Quiconque est industrieux n'a » point à craindre les dettes. »

« La faim regarde à la porte de » l'homme laborieux ; mais elle n'ose » pas y entrer. »

Il n'est pas nécessaire que vous trouviez des trésors, ni que des parens riches vous laissent leur succession. « La vigilance est la mère de la pros- » périté, et la providence ne refuse » rien à l'industrie. »

Labourez pendant que le paresseux dort ; vous aurez du blé à vendre et à garder ; labourez pendant tous les instans d'aujourd'hui ; car vous ne pouvez pas savoir tous les obstacles que vous rencontrerez demain.

Si vous étiez sous les ordres d'un bon maître, ne seriez-vous pas honteux qu'il vous appelât paresseux ? Mais vous êtes votre maître ; rougissez donc d'avoir à vous reprocher la paresse. Vous avez tant à faire pour votre patrie, pour votre famille, pour vous-même ! levez-vous donc dès le point du jour ; que le soleil, en regardant sur la terre, ne puisse pas dire : « Voilà un paresseux qui som-
» meille. » Point de remise, mettez-vous à l'ouvrage. Vous me direz qu'il y a beaucoup à faire, et que vous n'avez pas la force. Cela peut être ; mais avec la volonté et la persévérance, vous ferez des merveilles. « L'eau,
» qui tombe constamment goutte à
» goutte, parvient à consumer la pierre.
» Avec du travail et de la patience,

» une souris coupe un cable, et de
» petits coups répétés abattent de
» grands chênes. »

Il me semble entendre quelqu'un de vous me dire : Est-ce qu'il ne faut pas prendre quelques instans de loisir ? Je vous répondrai : Employez bien votre tems, si vous voulez mériter le repos, et ne perdez pas une heure, puisque vous n'êtes pas sûrs d'une minute. Le loisir est un tems qu'on peut employer à quelque chose d'utile. Il n'y a que l'homme vigilant qui puisse se procurer cette espèce de loisir, auquel le paresseux ne parvient jamais. La vie tranquille et la vie oisive sont deux choses fort différentes. Croyez-vous que la paresse vous procurera plus d'agrémens que le travail ? Vous avez tort ; car la paresse engendre les soucis, et le loisir sans nécessité produit des peines fâcheuses ; l'industrie, au contraire, amène toujours l'agrément, l'abondance et la considération.

Mais indépendamment de l'industrie, il faut encore avoir de la constance, de la résolution et des soins. Il faut voir ses affaires avec ses propres yeux, et ne pas trop se confier aux autres ; car je n'ai jamais vu un arbre qu'on change souvent de place, ni une famille qui déménage souvent, prospérer autant que d'autres qui sont stables. « Trois démé-
» nagemens font autant de tort qu'un
» incendie. Il vaut autant jeter l'arbre
» au feu, que de le changer de place. »

« L'œil d'un maître fait plus que ses
» deux mains. » Le défaut de soins fait plus de tort que le défaut de savoir.

Les soins qu'on prend pour soi-même sont toujours profitables ; car le savoir est pour l'homme studieux, et les richesses pour l'homme vigilant, comme la puisance pour la bravoure, et le ciel pour la vertu.

Savez-vous le moyen d'avoir un Serviteur fidèle et que vous aimiez ? Servez-vous vous-même.

Ayez de la circonspection et du soin par rapport aux objets même de la plus petite importance, parce qu'il arrive souvent qu'une légère négligence produit un grand mal. Faute d'un clou, le fer du cheval se perd; faute d'un fer, on perd le cheval; et faute d'un cheval, le cavalier lui-même est perdu, parce que son ennemi l'atteint, et le tout pour n'avoir pas fait attention à un clou, au fer de sa monture.

65.
PENSÉES MORALES
DE FRANKLIN.
CHAPITRE SECOND.

SI un homme ne sait pas épargner autant qu'il gagne, il mourra sans avoir un sou, après avoir été toute sa vie collé sur son ouvrage.

Bien

Bien des fortunes se dissipent en même tems qu'on les gagne, depuis qu'hommes et femmes ont quitté pour le plaisir les occupations utiles.

« Si vous voulez être riches, n'ap-
» prenez pas seulement comme on
» gagne, sachez aussi comment on
» ménage. »

Renoncez donc à vos folies dispendieuses, et vous aurez moins à vous plaindre de l'ingratitude du tems, de la dureté des impositions, et de l'entretien onéreux de vos maisons.

« Il en coûte plus cher pour main-
» tenir un vice, que pour élever deux
» enfans. »

Vous pensez peut-être que quelques délicatesses pour la table, quelques recherches de plus dans les habits, et quelques amusemens de tems en tems, ne peuvent pas être d'une grande importance ; mais soyez en garde contre les petites dépenses. « Il ne faut qu'une

» légère voie d'eau pour submerger un grand navire. »

Vous achetez des curiosités et des brinborions précieux : vous appelez cela des biens ; mais, si vous n'y prenez garde, il en résultera de grands maux pour quelques-uns de vous. Vous regardez ces objets comme vendus à bon marché, c'est-à-dire moins qu'ils n'ont coûté ; mais s'ils ne vous sont pas réellement nécessaires, ils sont toujours beaucoup trop chers pour vous. « Si » vous achetez ce qui est superflu pour » vous, vous ne tarderez pas à vendre » ce qui vous est nécessaire. Faites tou- » jours réflexion avant de profiter d'un » bon marché. »

Souvent un bon marché n'est qu'illusoire, et, en vous gênant dans vos affaires, il vous cause plus de tort qu'il ne vous fait de profit. J'ai vu quantité de gens ruinés pour avoir fait de bons marchés.

L'orgueil de la parure est un travers

funeste. Avant de consulter votre fantaisie, consultez votre bourse. « L'or-» gueil est un mendiant qui crie aussi » haut que le besoin, mais qui est » infiniment plus insatiable. » Si vous avez acheté une jolie chose, il vous en faudra dix autres encore, afin que l'assortiment soit complet. Aussi il est plus aisé de réprimer la première fantaisie, que de satisfaire toutes celles qui viennent ensuite.

Pensez-vous bien à ce que vous faites lorsque vous vous endettez ? Vous donnez des droits à un autre homme sur vous. Si vous ne payez pas au terme fixé, vous êtes honteux de voir votre créancier; vous êtes dans l'appréhension en lui parlant; vous vous abaissez à des excuses pitoyables.

L'emprunteur et le débiteur sont deux esclaves, l'un du prêteur, l'autre du créancier. Ayez horreur de cette chaine; conservez votre liberté et votre indépendance. Soyez industrieux, soyez modestes , et vous serez libres. Peut-être pensez-vous dans moment être dans un état d'opulence qui vous permet de satisfaire quelques fantaisies sans risquer de vous faire tort ; mais épargnez pour le tems de la vieillesse et du besoin pendant que vous le pouvez. Le gain est incertain et passager , mais la dépense est continuelle et certaine. Gagnez ce qui vous est possible , et sachez ménager ce que vous avez gagné ; c'est le véritable secret de changer votre plomb en or. Il est bien sûr que lorsque vous posséderez ce secret , vous ne vous plaindrez pas de la rigueur des tems , ni de la difficulté de payer les impôts. Cette doctrine est celle de la raison et de la prudence.

N'allez pas cependant vous confier uniquement à votre industrie , à votre vigilance et à votre économie. Ce sont d'excellentes choses à la vérité ; mais il faut encore à votre bonheur les bénédictions du ciel. Rendez-vous-en dignes par la pratique de toutes les vertus ; ne soyez pas insensibles aux besoins de vos frères, mais donnez leur des consolations et des secours.

66.

PENSÉES MORALES
DE J. J. ROUSSEAU. (1)

CHAPITRE PREMIER.

Tenez votre ame en état de désirer toujours qu'il y ait un Dieu, et vous n'en douterez jamais.

Ce qui nous intéresse, c'est que chacun sache qu'il existe un arbitre du sort des humains, dont nous sommes tous les enfans ; qui nous prescrit à tous

---

(1) Il naquit à Genève il y 87 ans, et mourut à Erménonville il y a 21 ans.

d'être justes, de nous aimer les uns les autres, d'être bienfaisans et miséricordieux, de tenir nos engagemens envers tout le monde, même envers nos ennemis; qu'après cette vie, il en est une autre dans laquelle cet être suprême sera le rémunérateur des bons, et le juge des méchans.

Il est un livre ouvert à tous les yeux, c'est celui de la nature. C'est dans ce grand et sublime livre, qu'on apprend à servir et à adorer son divin auteur. Nul n'est excusable de n'y pas lire, parce qu'il parle une langue intelligible à tous les hommes. Si nous exerçons notre raison, si nous calculons, si nous usons bien des facultés immédiates que Dieu nous donne, nous apprendrons de nous-mêmes à le connaître, à l'aimer, à aimer les autres, à vouloir le bien qu'il veut, et à remplir, pour lui plaire, tous nos devoirs sur la terre.

Dieu est intelligent; toutes les vérités ne sont pour lui qu'une seule idée, comme tous les lieux un seul point, et tous les tems un seul moment.

Il est tout puissant ; sa puissance agit par elle-même. Il peut, parce qu'il veut ; sa volonté fait son pouvoir.

Dieu est bon ; rien n'est plus manifeste. De tous les attributs de la divinité toute puissante, la bonté est celui sans laquelle on la peut moins concevoir. Sa bonté vient de sa puissance : il est bon parce qu'il est grand.

Dieu est juste, j'en suis convaincu ; c'est une suite de sa bonté ; l'injustice des hommes est leur œuvre, et non pas la sienne. Le désordre moral qui dépose contre la providence, aux yeux de quelques hommes, ne fait que la démontrer aux miens.

L'Être éternel ne se voit ni ne s'entend : il se fait sentir. Il ne parle ni aux yeux, ni aux oreilles, mais au cœur. Nous pouvons bien disputer contre son essence infinie, mais non pas le méconnaître de bonne-foi.

Moins je le conçois, plus je l'adore. Je m'humilie, et lui dis : Être des êtres, je suis parce que tu es ; c'est m'élever à ma source que de méditer ; le plus digne usage de ma raison est de s'anéantir devant toi ; c'est mon ravissement d'esprit, c'est le charme de ma faiblesse, de me sentir accablé de ta grandeur.

Rien n'existe que par celui qui est. C'est lui qui donne un but à la justice, une base à la vertu, un prix à cette courte vie bien employée. C'est lui qui ne cesse de crier aux coupables que leurs crimes secrets ont été vus, et qui fait dire au juste oublié : Tes vertus ont un témoin.

L'idée de Dieu épure l'ame et l'élève ; elle nous apprend à mépriser les inclinations basses, et à surmonter nos vils penchans, à faire le bien qui nous coûte, et à sacrifier les désirs de notre cœur à la loi du devoir.

Plus je rentre en moi, plus je me

consulte, et plus je lis ces mots écrits dans mon ame : Sois juste et tu seras heureux. Il n'en est rien pourtant, à considérer l'état présent des choses. Le méchant prospère, et le juste reste opprimé. Voyez aussi quelle indignation s'allume en nous, quand cette attente est frustrée ! La conscience s'élève et murmure contre son auteur, elle lui crie en gémissant : Tu m'as trompé. — Je t'ai trompé, téméraire ! et qui te l'a dit ? Ton ame est-elle anéantie ? as-tu cessé d'exister ? O Brutus ! ô mon fils ! ne souille point ta noble vie en la finissant ; ne laisse pas ton espoir et ta gloire, avec ton corps, aux champs de Philippes. Pourquoi dis-tu : La vertu n'est rien, quand tu vas jouir du prix de la tienne ? Tu vas mourir, penses-tu ? non, tu vas vivre, et c'est alors que je tiendrai tout ce que je t'ai promis.

Si l'ame survit au corps, la providence est justifiée. Quand je n'aurais d'autre preuve de l'immortalité de l'ame, que le triomphe du méchant, et l'oppression du juste en ce monde, cela seul m'empêcherait d'en douter. Une si choquante dissonnance dans l'harmonie universelle me ferait chercher à la résoudre. Je me dirais : Tout ne finit pas pour nous avec la vie ; tout rentre dans l'ordre à la mort.

67.

PENSÉES MORALES
DE J. J. ROUSSEAU.
CHAPITRE SECOND.

Il existe pour toute l'espèce humaine une règle antérieure à l'opinion, c'est la conscience ; c'est à l'inflexible direction de cette règle, que se doivent rapporter toutes les autres. Elle juge le préjugé même ; et ce n'est qu'autant que l'estime des autres s'accorde avec elle, que cette estime doit faire autorité pour nous.

Rentrons en nous mêmes; examinons, tout intérêt personnel à part, à quoi nos penchans nous portent. Quel spectacle nous flatte le plus, celui des tourmens ou du bonheur d'autrui ? Qu'est-ce qui nous est plus doux à faire, et nous laisse une impression plus agréable après l'avoir fait, d'un acte de bienfaisance, ou d'un acte de méchanceté?... S'il n'y a rien de moral dans le cœur de l'homme, d'où lui viennent donc ces transports d'admiration pour les actions héroïques, ces ravissemens d'amour pour les grandes ames ? Cet enthousiasme de la vertu, quel rapport a-t-il avec notre intérêt privé?... Otez de nos cœurs cet amour du bien, vous ôtez tout le charme de la vie. Celui dont les viles passions ont étouffé dans son ame étroite ces sentimens délicieux ; celui qui , à force de se concentrer au-dedans de lui , vient à bout de n'aimer que lui-même , n'a plus de transports ; son cœur glacé ne palpite plus de joie ; un doux attendrissement n'humecte jamais ses yeux; il ne jouit plus de rien. Le malheureux ne sent plus , ne vit plus ; il est déja mort.

Mais il est peu de ces ames cadavereuses, devenues insensibles , hors leur intérêt, à tout ce qui est juste et bon. L'iniquité ne plaît qu'autant qu'on en profite. Dans tout le reste, on veut que l'innocent soit protégé. Voit-on dans une rue , ou sur un chemin , quelqu'acte de violence et d'injustice ? à l'instant un mouvement de colère et d'indignation s'élève au fond du cœur, et nous porte à prendre la défense de l'opprimé. Au contraire , si quelque acte de clémence ou de générosité frappe nos yeux ; quelle admiration , quel amour il nous inspire ! qui est-ce qui ne se dit pas : Je voudrais en avoir fait autant ? Il nous importe assurément fort peu qu'un homme ait été méchant ou juste il y a deux mille ans ; et cependant le même intérêt nous affecte dans l'histoire ancienne, que si tout cela s'était passé de nos jours. Que me font à moi les crimes de Catilina ? Ai je peur d'être sa victime ? Pourquoi donc ai-je de lui la même horreur que s'il était mon contemporain ? Nous ne haïssons pas seulement les méchans parce qu'ils nous nuisent, mais parce qu'ils sont méchans. Non-seulement nous voulons être heureux, nous voulons aussi le bonheur d'autrui ; et quand ce bonheur ne coûte rien au nôtre, il l'augmente. Enfin l'on a, malgré soi, pitié des infortunés ; quand on est témoin de leurs larmes, on en souffre. Les plus pervers ne sauraient perdre tout-à-fait ce penchant : souvent il les met en contradiction avec eux-mêmes. Le voleur qui dépouille les passans, couvre encore la nudité du pauvre ; et le plus féroce assassin soutient un homme tombant en défaillance.

Conscience ! conscience ! instinct divin ! immortelle et céleste voix ! c'est toi qui fais l'excellence de la nature de l'homme, et la moralité de ses actions ; sans toi, je ne sens rien en moi que le triste privilége de m'égarer d'erreurs en erreurs.

Mais ce n'est pas assez que ce guide existe ; il faut savoir le reconnaître et le suivre. La conscience parle à tous les cœurs ; pourquoi donc y en a-t-il si peu qui l'entendent ? Eh ! c'est qu'elle nous parle la langue de la nature que tout nous a fait oublier. La conscience est timide. La voix bruyante des préjugés étouffe la sienne, et l'empêche de se faire entendre ; le fanatisme ose la contrefaire et dicter le crime en son son nom. Elle se rebute enfin à force d'être éconduite ; elle ne nous parle plus ; elle ne nous répond plus ; et, après de si longs mépris pour elle, il en coûte autant de la rappeler, qu'il en coûta de la bannir.

Les lois éternelles de la nature et de l'ordre tiennent lieu de loi positive au sage ; elles sont écrites au fond de son cœur par la conscience et par la raison ; c'est à celles-là qu'il doit s'asservir pour être libre, il n'y a d'esclave que celui qui fait mal ; car il le fait toujours malgré lui. La liberté est moins dans la forme du gouvernement que dans le cœur de l'homme libre ; il la porte partout avec lui ; l'homme vil porte partout la servitude. L'un serait esclave au sein de la liberté, et l'autre libre au milieu de l'esclavage.

Justice et vérité, voilà les premiers devoirs de l'homme : humanité, patrie, voilà ses premières affections. Toutes les fois que des ménagemens particuliers lui font changer cet ordre, il est coupable.

68.

PENSÉES MORALES

DE FONTENELLE
ET DE D'ALEMBERT. (1)

Les passions sont chez les hommes des vents qui sont nécessaires pour mettre tout en mouvement, quoiqu'ils causent souvent des orages. Modérons-les, et elles ne seront jamais qu'utiles.

Quel est ce mouvement impétueux de notre ame, qui s'irrite contre les maux qu'elle endure, et qui s'agite comme pour en secouer le joug? Pourquoi tâcher de les repousser loin de

---

(1) Le premier vécut un siècle entier, et termina sa carrière il y a 42 ans; le second mourut il y a 16 ans.

nous par des efforts violens, dont nous sentons en même tems l'impuissance ? Pourquoi prendre à partie une fortune ou des destins qui n'existent que dans notre imagination ? Que veulent dire ces plaintes adressées à mille objets dont elles ne peuvent être écoutées ? Que veut dire cette espèce de fureur où nous entrons contre nous-mêmes, moins fondée encore que tous les autres emportemens ? Malheureux, si nous n'avons que des moyens si faux et si peu raisonnables pour les soulager ; insensés, si nous les redoublons. Mais quel sujet d'en douter ? Cet effort que nous faisons pour arracher le trait qui nous blesse, l'enfonce encore davantage. L'ame se déchire elle-même par cette nouvelle agitation, et le mouvement extraordinaire où elle se met, excitant sa sensibilité, donne plus de prise sur elle à la douleur qui la tourmente.

L'ambition est aisée à reconnaître

pour un ouvrage de l'imagination ; elle en a le caractère ; elle est pleine de projets chimériques ; elle va au-delà de ses souhaits dès qu'ils sont accomplis ; elle a un terme qu'elle n'atteint jamais. (*Fontenelle.*)

La morale établit et détermine jusqu'où il est permis de porter l'ambition. Cette passion, le plus grand mobile des actions, et même des vertus des hommes, et que, par cette raison, il serait dangereux de vouloir éteindre, a cela de singulier, que, lorsqu'elle est modérée, c'est un sentiment estimable, la suite et la preuve de l'élévation de l'ame, et que, portée à l'excès, elle est le plus odieux et le plus funeste de tous les vices. En effet, elle est le seul qui ne respecte rien, ni sang, ni liaisons, ni devoirs. L'ambitieux sacrifie tout à l'objet qu'il veut atteindre ou qu'il possède.

La raison permet sans doute d'être flatté des honneurs, mais sans les exiger ni les attendre. Leur jouissance peut augmenter notre bonheur, leur privation ne doit point l'altérer. C'est en cela que consiste la véritable sagesse, et non dans l'affection à mépriser ce qu'on souhaite. C'est mettre un trop grand prix aux honneurs, que de les fuir avec empressement, ou de les rechercher avec avidité ; le même excès de vanité produit ces deux effets contraires.

La simplicité est la suite ordinaire de l'élévation des sentimens, parce que la simplicité consiste à se montrer tel que l'on est, et que les belles ames gagnent toujours à être connues.

Un bienfait accordé est regardé, pour l'ordinaire, comme une espèce de titre, une prise de possession de celui qu'on oblige, un acte de souveraineté dont on abuse pour mettre quelque malheureux dans la dépendance. On a beaucoup écrit, et avec raison, contre les ingrats ; mais on a laissé les bienfaiteurs (insolens) en repos , et c'est un chapitre qui manque à l'histoire des tyrans.

L'existence de Dieu , pour être reconnue , n'aurait besoin que de notre sentiment intérieur , quand même le témoignage universel des hommes, et celui de la nature entière, ne s'y joindraient pas.

69.
PENSÉES MORALES
DE THOMAS. (1)

Que peut craindre l'homme vertueux quand il va rejoindre le premier être ? N'a-t-il pas rempli le poste qui lui était assigné dans la nature ? Il a été fidèle aux lois qu'il a reçues ; il n'a point dé-

(1) Il mourût il y a 14 ans.

figuré son ame aux yeux de celui qui l'a faite. Peut-être a-t-il ajouté quelque chose à l'ordre moral de l'univers. L'heure sonne ; le tems a cessé pour lui. Il va demander à Dieu la récompense du juste ; c'est un fils qui a voyagé, et qui retourne vers son père.

La mort d'un homme vertueux est un malheur pour l'humanité entière, non qu'il puisse toujours être fort utile aux hommes (quelquefois il vit et meurt obscur); mais il n'est pas moins vrai qu'il orne la terre, et donne plus de dignité à la nature humaine.

L'ame est immortelle. Eh! comment se refuser à un dogme si consolant et si doux ? Peut-on croire à un premier être, juste et bienfaisant, sans croire qu'il récompensera l'homme vertueux qui tâche de lui ressembler ? Cette espérance n'est-elle pas le soutien de l'homme dans son malheur, son appui dans sa faiblesse, son encouragement dans les vertus ? Ah ! sans doute.

il faut qu'il y ait un monde tout différent où les inégalités cruelles de celui-ci soient réparées, où l'homme juste soit remis en sa place, où les oppressions cessent, où les persécuteurs n'aient plus de pouvoir, où l'homme enfin soit l'égal de l'homme, sans ne pouvoir plus être ni tourmenté, ni avili ; il faut que celui qui a souffert ou qui est mort pour la vertu, puisse dire à Dieu : « Être juste et bon, je ne me » repens pas d'avoir été vertueux. » Comment donc peut il y avoir des hommes qui renoncent volontairement à une si douce espérance ? Pour moi, si j'avais le malheur de douter de ce dogme, je chercherais bien plutôt à me faire illusion ; je me garderais bien d'ôter cette consolation aux faibles, ce frein aux hommes puissans, cette ressource d'un avenir à tous les malheureux. Je me garderais bien de m'avilir à mes propres yeux ; car plus l'homme aura une grande idée de son être, plus il sera disposé à ne rien faire d'indigne de lui-même.

La liberté est le premier droit de l'homme ; le droit de n'obéir qu'aux lois, et de ne craindre qu'elles. Malheur à l'esclave qui craindrait de prononcer son nom ! Malheur au pays où le prononcer serait un crime ! On peut combattre ce sentiment, mais non pas le détruire ; il subsiste par-tout où il y a des ames fortes ; il se conserve dans les chaînes ; il vit dans les prisons, renaît sous les haches des licteurs. L'homme né libre, mais avec le besoin d'être gouverné, s'est soumis à des lois, jamais aux caprices d'un maître. Nul homme n'a le droit de commander arbitrairement à un autre. Qui usurpe ce pouvoir, détruit son pouvoir même.

Le luxe est plus funeste que les séditions et les guerres, parce que celles ci ne donnent que des convulsions passagères à l'état ; au lieu que l'autre le mine sourdement en détruisant les vertus.

La mollesse, vice ordinaire de notre éducation, en affaiblissant les organes, détruit les principes des grandes choses, et fait, pour ainsi dire, mourir l'ame avant qu'elle soit née.

70.

PENSÉES MORALES

DE

DIVERS POÈTES ALLEMANDS. (1)

CHAPITRE PREMIER.

Il y a un Dieu : cela me suffit. La nature nous l'annonce, l'univers découvre les traces de sa puissance. Ces régions lumineuses, où mille mondes brillans roulent dans leurs sphères, où

---

(1) Haller, Wieland, Gessner, Kleist ; ils ont tous vécu dans ce siècle.

mille soleils gardent un repos majestueux, sont remplis de la splendeur divine. Ces êtres innombrables qui, d'un pas toujours égal, et avec des rayons dont le tems n'affaiblit pas l'éclat, marchent dans un ordre réglé par des lois secrètes, sans jamais s'écarter de leurs orbites, c'est Dieu qui trace leur route; sa volonté est leur force; il leur partage le mouvement, le repos et les autres qualités, suivant les proportions et les fins qu'il a prévues.

Les merveilles de sa sagesse se manifestent dans la pierre la plus chétive, dans l'animal le plus vil; chaque partie a son but. C'est un art supérieur à celui des hommes qui a formé et mesuré ce tissu invisible de vaisseaux délicats qui conduisent les humeurs dans une circulation continuelle, par différens détours, et toujours à leur place. Rien ne se heurte ; aucune partie n'occupe la place d'une autre; rien ne manque, rien n'est superflu, aucune partie ne se repose, aucune ne se meut avec trop de précipitation. L'homme, né pour être le maître de la terre, est un composé de chef-d'œuvres ; tout l'art et toutes les beautés des corps sont réunies en lui ; chaque membre aide à lui assurer l'empire de la création.

Parcourez la vaste étendue du globe. Ici la jeune rose couvre sa tendre rougeur des perles de la rosée. Là, dans les entrailles de la terre, l'or, encore imparfait, s'embellit et croît pour donner un jour des richesses au monde. Dans les espaces de l'air, dans les abymes de la mer, vous trouverez partout l'empreinte de Dieu, vous n'y verrez que des merveilles. (*Haller.*)

O nature ! miroir de la divinité, que tu es féconde en beautés et en plaisirs ! Source inépuisable de joies ! des milliers de créatures s'abreuvent de tes eaux, depuis l'habitant des sphères qui roulent sur nos têtes, jusqu'à l'homme, jusqu'aux citoyens des airs et des eaux, jusqu'aux mondes que nous avons découverts dans les grains de sable, dans la poussière et dans les gouttes de liqueurs ; tous ces êtres divers boivent à longs traits dans tes ruisseaux. Pourquoi l'homme, tout environné qu'il est de tes richesses, se plaint-il et fuit-il la jouissance ? Il évite la joie qui le cherche, et il la cherche où elle ne se trouve jamais. En vain le créateur lui a donné des organes pour jouir de tes dons, ô bienfaisante nature ! En vain tu avais mis la beauté de tes ouvrages en harmonie avec les cordes délicates de son ame : l'insensé méprise tes soins ; et, dans le tumulte des passions, il n'entend pas la douce voix qui l'appelle.

Mortels, apprenez à connaître ce qui est à votre portée, apprenez à en jouir.

Jouir, sans que notre jouissance entraîne de dangers après elle, c'est là notre sagesse et notre devoir.

Dieu a donné à l'homme tous les moyens de jouir de la vie. L'homme est plus cher à la divinité qu'il ne l'est à lui-même. (*Wieland.*)

71.

PENSÉES MORALES

DE

DIVERS POÈTES ALLEMANDS.

CHAPITRE SECOND.

L'homme n'est pas né pour la misère. Il est vrai qu'il peut être malheureux par sa faute ; qu'il peut ne pas savoir jouir, et se faire de la vie un supplice. Quand sa raison succombe aux attaques des passions impétueuses, à la cupidité, aux désirs criminels, il devient misérable, et tout ce qui était bon de sa nature, lui tourne en poison. Nous ne pouvons pas commander à l'orage de n'être pas furieux, ni aux torrens impétueux de rester paisibles ; mais nous pouvons dégager notre raison des nuages qui l'obscurcissent : alors elle commande impérieusement aux passions qui nous gourmandent ; elle modère la cupidité, elle épure tous nos sentimens ; les vains désirs disparaissent comme les brouillards du matin disparaissent devant le soleil. Appelons toujours à nous ces rayons de la divinité, la saine raison, directrice des mœurs, et la vertu, sa compagne inséparable : nous fixerons la joie dans nos cœurs. (*Gessner.*)

Un jeune homme éprouvait à la vue des beautés de la nature ce ravissement qu'elle inspire à toutes les ames vertueuses et sensibles.

O mon fils ! lui dit son père, la nature nous rend heureux et contens ; elle te rendra toujours tel, si tu conserves la droiture du cœur, si la fougue des passions n'étouffe pas en toi le sentiment de la beauté. O mon cher fils ! bientôt je te quitterai, bientôt j'abandonnerai cette belle contrée pour recevoir la récompense de la probité. Ah ! demeure toujours fidèle à la vertu. Pleure avec l'affligé, et donne de tes provisions à l'indigent. Contribue, autant qu'il est en ton pouvoir, au bien-être de tes semblables. Sois laborieux. Elève ton esprit vers le maître de la nature, à qui les vents et les mers obéissent, qui gouverne tout pour le bien de l'univers. Choisis plutôt l'ignominie et la mort, que de consentir au crime. Les richesses ne sont qu'une chimère. Un cœur tranquille est notre plus beau partage..... C'est en pensant ainsi, ô mon fils, que j'ai vu mes cheveux blanchir au milieu de la joie ; et quoique j'aie déjà vu quatre-vingts fois fleurir le bocage qui entoure notre cabane, cependant mes années nombreuses se sont écoulées comme un jour serein du printems, au milieu des plaisirs les plus doux..... J'ai essuyé, il est vrái, plus d'un revers. Quand ton frère expira, mes yeux versèrent un torrent de larmes ; le soleil me parut sombre..... mais le tems et la nature ont ramené le calme dans mon cœur. Maintenant le tombeau m'attend ; je ne le crains pas. Le soir de ma vie sera aussi beau que l'ont été le matin et le midi.... O mon fils ! sois bon, sois vertueux, et tu seras heureux comme je l'ai été, et la nature aura sans cesse des charmes pour toi. (*Kleist.*)

72.

PRÉCEPTES

DE LA SAGESSE. (1)

Dieu t'a créé ; tu n'adoreras que lui seul. Tu ne parleras jamais de lui que pour rendre graces à sa bonté et admirer sa puissance. Tu ne prononceras jamais son nom qu'avec respect.

Tu révéreras ton père et ta mère ; car Dieu leur donna le pouvoir de te faire naître, et tu leur dois la vie et la sagesse : tu leur seras soumis ; tu suivras leurs leçons, afin que tu puisses de même les enseigner et les voir sui-

---

(1) Ces préceptes sont extraits du *livre des Adorateurs*, ouvrage moderne.

vre par tes enfans. Quand ton père et ta mère seront vieux, et que leurs mains ne pourront plus travailler, tu les nourriras; car ils t'ont nourri dans ton enfance impuissante, et c'est Dieu qui voulut te donner l'occasion d'être reconnaissant envers eux.

Sur toutes choses, tu n'attaqueras pas les auteurs de tes jours, et tu ne conduiras pas leurs cheveux blancs devant les tribunaux. Car, dans ton enfance, ils ont veillé sur tes jours, et ont travaillé à semer et à faire éclore toutes les vertus dans ton cœur.

Honore la vieillesse. Car Dieu mit la sagesse dans l'esprit des vieillards; et l'expérience que leur donne la longévité est le fruit qu'ils présentent à la jeunesse. Ils ont combattu pour toi, lorsque tu étais au berceau. Ils ont planté l'arbre qui te reçoit sous son ombre et celui qui te nourrit de son fruit; ils ont bâti la maison où tu es à l'abri des injures des saisons, et ils t'ont transmis les préceptes de la sagesse.

Tu ne t'éleveras jamais contre ton frère ; tu ne lanceras rien contre lui ; car tu ne sais pas si ce coup ne lui donnera pas la mort.

Tu ne tenteras jamais d'ôter la vie ; car le sang répandu crierait contre toi, et la punition serait terrible. Mais si l'homme attaque ta maison et tes enfans, défends-les avec courage. Si l'ennemi du peuple où tu vis vient l'attaquer, souviens-toi que tu fais cause commune avec tous, qu'ils te défendent, et que tu dois les défendre aussi. Garantis ta mère des insultes, ton père de la douleur, tes champs du pillage, tes toits de la dévastation. Lorsque tu étais au berceau, ton père te défendait ; il supportait les mêmes peines, était exposé aux mêmes dangers que tu cours aujourd'hui..... Enfin, tel est l'ordre de Dieu, que tu défendes les tiens, et la récompense des hommes vertueux t'attend, quand tu auras rempli tes devoirs ; et la honte, l'opprobre, l'infamie te suivront devant tes frères, si tu es capable d'y manquer.

Lorsque tes désirs se porteront sur une femme, pense si tu voudrais que la tienne manquât à ses devoirs ; respecte celle de ton prochain, afin que la tienne soit respectée. Garde-toi bien de chercher à séduire la fille de ton ami, ou le déshonneur viendra se placer un jour sur le front de ta fille. Tu porteras le trouble dans ta famille et le désordre dans celle de ton voisin. La paix, le bonheur étaient dans sa maison ; la concorde t'unissait avec ton prochain ; vous viviez heureux.... et voilà que, pour un instant d'erreur, tu divises les hommes ; tu romps les nœuds de l'amitié et de la confiance ; tu sèmes la haine, l'inimitié, la vengeance et tous leurs funestes effets sur la terre.....

Si tu vois le feu dévorer la maison de ton frère, ne dis pas : Qu'ai-je besoin d'y aller ? le feu ne peut parvenir jusqu'à moi. Car Dieu nous mit sur cette terre à côté les uns des autres pour nous aider ; et demain le feu prendra à ta maison ; et l'homme que tu n'as pas secouru dans son malheur, fermera l'oreille à tes cris et aux plaintes de tes enfans; et ton exemple aura banni la bienveillance d'autour de toi. Cours à la maison enflammée avec un vase d'eau ; ne l'abandonne pas que le feu ne soit éteint ; partage ton toit et tes alimens avec celui que le feu a chassé de son asyle.

Ne t'inquiète pas de ce qui se passe dans la maison de ton prochain, et ne porte pas tes regards curieux dans l'intérieur de ses foyers ; tu troubles en cela son repos, et tu cherches ce qu'il ne t'importe pas de savoir. Il doit y pratiquer les vertus domestiques, et remplir ses devoirs dans la situation où la providence l'a mis. S'il n'en est pas ainsi, tu ne dois point le savoir, ni chercher à soulever le voile qui couvre le mal à tes yeux; et si tu le vois, tu dois le cacher encore. Car c'est bien assez que le mal se fasse, que Dieu le voie et le juge, sans que tu y participes en le publiant, et que tu sois cause que le mal se propage par l'exemple.

Lorsque toi ami, ton parent, ton voisin aura une querelle avec un autre, parle à ton ami, cours chez ton parent, ton voisin; engage-le à se rapprocher de son adversaire. Un autre remplira le même office auprès de l'adversaire, et vous les rapprocherez. Ainsi vous maintiendrez la paix entre les familles, et vous seconderez l'œuvre du créateur, qui nous fit pour nous aimer.... Que s'ils ne peuvent convenir de leurs intérêts, engage celui que tu invitas à la paix, à désigner un ou deux vieillards, de ceux que leur vertu et leur probité rendent recommandables, afin qu'ils jugent entre lui et son adversaire; et celui-ci fera de même; et avant le jour du repos, les vieillards jugeront ; et la discorde sera arrêtée entre les frères, et ils s'embrasseront devant les vieillards.

Lorsque l'affliction entrera dans la maison de ton frère, ne t'éloigne pas de lui, mais va t'asseoir à son côté. Console son ame en l'entretenant des bienfaits de la providence, de l'obligation imposée à tout être vivant de se soumettre à l'ordre qu'elle a établi. Ne lui dis pas que la peine qu'il éprouve n'est pas un mal, car tu exaspérerais son ame, et ses yeux mouillés te démentiraient ; mais pleure avec lui, et parle-lui avec ménagement de la perte qu'il vient d'essuyer. Dis-lui que sa douleur est juste, et tu le consoleras peu-à peu, et tu augmenteras la force des liens d'affection qui l'unissent à toi ; et lorsque la douleur viendra dans ton ame, tu trouveras un consolateur, et les secours que tu donnas à ton frère te seront rendus. Ils reviendront aussi dans ta mémoire, et adouciront ta peine par le souvenir de celle que ressentait alors celui que tu consolas au jour de sa tristesse.

FIN.

TABLE DES MORALISTES

CITÉS DANS CET OUVRAGE.

Introduction, *page* 5

1 *Pensées morales extraites du Védam.* 11

Pensées morales extraites des anciens livres hébreux.

2 Chapitre premier. 15
3 Chapitre second. 19
4 Chapitre troisième. 22
5 *Pensées morales de Zoroastre.* 26

Pensées morales de Confucius.

6 Chapitre premier. 30
7 Chapitre second. 34
8 Chapitre troisième. 37
9 Chapitre quatrième. 41
10 Chapitre cinquième. 46

Pensées morales d'un ancien sage de l'Inde.

11 Chapitre premier, *Devoirs individuels.* 51

des Moralistes. 353

12 Continuation du même chapitre. *p.* 56
13 Chapitre second. *Devoirs de famille.*
   62
14 Chapitre troisième. *Devoirs sociaux.*
   70

Pensées morales de divers auteurs Chinois.

15 Chapitre premier. 78
16 Chapitre second. 82
17 Chapitre troisième. 87
18 Chapitre quatrième. 92

Pensées morales de Théognis.

19 Chapitre premier. 96
20 Chapitre second. 100

21 *Pensées morales attribuées à Pythagore.* 104

Pensées morales de Phocylide.

22 Chapitre premier. 108
23 Chapitre second. 112
24 Chapitre troisième. 116

Pensées morales de plusieurs Sages de la Grèce.

25 Chapitre premier. 120

26	Chapitre second.	124
27	Chapitre troisième.	129
28	Chapitre quatrième.	133

Pensées morales de Socrate.

29	Chapitre premier.	138
30	Chapitre second.	144
31	Chapitre troisième.	150
32	Chapitre quatrième.	153
33	*Pensées morales d'Aristote.*	157

Pensées morales d'Isocrate.

34	Chapitre premier.	161
35	Chapitre second.	165
36	*Hymne de Cléanthe.*	169

Pensées morales de Cicéron.

37	Chapitre premier.	171
38	Chapitre second.	176
39	Chapitre troisième.	182
40	Chapitre quatrième.	186
41	*Pensées morales de Plutarque.*	192

Pensées morales d'un Sage de la Judée et de ses disciples.

42	Chapitre premier.	196

des Moralistes.	355
43 Chapitre second.	202

Pensées morales de Sénèque.

44 Chapitre premier.	207
45 Chapitre second.	210
46 Chapitre troisième.	215
47 Chapitre quatrième.	219

Pensées morales d'Épictète.

48 Chapitre premier.	225
49 Chapitre second.	231
50 Chapitre troisième.	235
51 Pensées morales extraites du Coran.	240
52 Pensées morales de Saadi.	246
53 Pensées morales de la Bruyère.	253

Pensées morales de Guillaume Penn.

54 Chapitre premier.	258
55 Chapitre second.	263
56 Chapitre troisième.	268

Pensées morales de Fénélon.

57 Chapitre premier.	273
58 Chapitre second.	278

Pensées morales d'Young.

59 Chapitre premier.	282

60 Chapitre second. 288

Pensées morales de Voltaire.

61 Chapitre premier. 294
62 Chapitre second. 298
63 Chapitre troisième. 302

Pensées morales de Franklin.

64 Chapitre premier. 305
65 Chapitre second. 312

Pensées morales de J. J. Rousseau.

66 Chapitre premier. 317
67 Chapitre second. 322

68 *Pensées morales de Fontenelle et de d'Alembert.* 328

69 *Pensées morales de Thomas.* 332

Pensées morales de divers poètes Allemands.

70 Chapitre premier. 336
71 Chapitre second. 340

72 *Préceptes de la Sagesse.* 344

Fin de la Table des Moralistes.

TABLE ALPHABÉTIQUE
des Matières.

A

Action honteuse jamais impunie, *pag.* 161. — Activité et amour du travail, 260. — Affection pour ses frères, 63. — degrés d'affection, 276. — Ambition, 256, 268, 329. — Ame, grande âme, 257. — son immortalité, 172, 321, 333. — Ami, amitié, 11, 47, 99, 126, 160, 165, 190. — Amour de la Patrie, 191. — Argent, disproportion qu'il met entre les hommes, 255, 259. — Arrogant, 57. — Athéïsme, 294. — Avarice, 103, 111, 160.

B

Bien et mal physique et moral, 288. — Biens et maux de la vie, 245 et *suiv.* 254. — Vrais biens, 274. — Bienfaisance, 72, 84, 116, 136, 210, 244. — Bienfaiteurs insolens, 331. — Bienveillance universelle, 34, 45, 271, 276. — Bonheur, 54, 85, 93, 122, 126, 157, 193, 216, 255, 264. — Bonheur domestique, 40, 134. — Bonheur des nations, 25, 40, 48, 152. — Bonté paternelle, 204.

C

Candeur et bonne foi, 42. — Célibat, 117. — Colère, 49, 87, 265. — Conscience, 180, 181, 216, 217, 322. — Connaissance de soi-même, 150. — Conseils d'un vieillard à son fils, 24, 341. Constance, 44. — Contestations, 184 — Conversation, 183. — Courage, 53, 168. — Culte, 15.

D

Despotisme, 278. — Débiteurs, comment il faut agir envers eux, 18, 244. — Dettes, 28, 315. —

Devoirs individuels, 51. — Devoirs de famille, 62. — Devoirs sociaux, 70. — Devois des maris, 67, 118, 203. — Des pères, 15, 68, 81, 88, 118, 129, 204. — Des épouses et des mères, 203. — Des enfans, 15, 62, 132, 153, 104, 243. — Des chefs, 203, 212. — des serviteurs, 204. — Des magistrats, 186, 248. — Des citoyens, 187. — Dieu, 13, 97, 172, 332, 336. — Son essence, 317. — Magnificence de ses œuvres, 240 *et suiv.* 337. — Sa bonté dans l'organisation de l'homme, 138. — Hommage à Dieu, 141, 246. — Comment l'homme de bien l'honore, 120. — Dignité de l'homme, 174, Dispute, 164. — Douceur, 23, 112. — Doute, s'abstenir dans le doute, 27.

E

Économie, 52. — Éducation, 130, 158, 270. — Égoïste, 251. Emploi du tems, 58, 103, 282. Émulation, 60. — Envie, envieux, 61, 126, 253, 267. — Estime, sur quoi il faut la fonder, 265. — Étrangers, 21. — Examen de sa conduite, 107.

F

Faiblesse, 54. — Fatigue, 163. — Fautes, les avouer et les réparer, 37, 44, 264. — Femme vertueuse, 22. 65. — Femmes, leur véritable parure et beauté, 128. — Flatteurs, 113, 125, 166. — Fonctions publiques, ce qu'il faut faire avant d'y aspirer, 151. — Quand on peut les rechercher, 44. — Comment il faut en sortir, 167. — Fraternité, 207. — Frugalité, 259.

G

Générosité, la vraie, 187. — Gloire, ce qui y mène, 151. — Gouvernement, 133, 186. — Guerre, 276.

H

Héritage, le meilleur, 189. — Homme de bien, ses avantages sur le méchant, 167. — Humanité,

276. — Humeur, 281. — Hypocrite, 76. — Hymne à l'Éternel, 169.

I

Ignorance, 39, 245. — Imiter les grands hommes, 80. — Indigens, comment il faut se conduire envers eux, 19, 110. — Indulgence, 99, 198, 209, 252. — Intelligence, la cultiver, 82. — Ivresse, ivrognerie, 166, 262.

J

Jeunesse, ses vertus, 161. — Ses devoirs, 189. — Joies et chagrins, 257. — Justice, 20, 71, 87, 98, 266.

L

Langue, la réprimer, 51, 52, 82, 125. — Libéralité, 259. — Liberté, 274, 335. Liberté des opinions, 279. — Liqueurs fortes, 261. — Loi naturelle, 175, 299. — Lois, leur obéir, 202. — Louanges, comment il faut les donner et les recevoir, 269 — Luxe, 335.

M

Magiciens et visions, 23. — Malheur, 112, 113, 122, 123, 160, 215, 216, 275. — Mariage, 26, 117, 263. — Ménage, bon ménage, 127. — Mérite, le vrai, 46. — Modération, 113. — Modestie, 56, 94, 126, 254. — Mollesse, 336. — Mort, 185, 218, 254. — Mort de l'homme vertueux, 332.

N

Nature, source du bonheur et des vraies jouissances, 339 *et suiv.* — Nécessité, lui céder, 231.

O

Orgueil et vanité, 315.

P

Pardon des injures, 197, 251. — Paresse, paresseux, 59, 254, 256, 305. — Passions, 31, 233, 328. — Patrie, 102, 159. — Pauvreté, 135, — Pensées, qu'elles soient pures comme les actions, 28, 123. — Plaisirs, 162. — Politesse, 162. — Pratiques extérieures, 12. — Préceptes généraux et divers, 16, 20 et suiv. 104, 302, 344 et suiv. — Probité, 110. — Propriétés, les respecter religieusement, 182. — Procès, 93. — Prodigalité, 103, 111, 160. — Promesses, 38, 164. — Propos, 105. — Propreté dans les habits, 166. — Prospérité et disgrace, 168. — Prudence, 51, 102.

R

Raillerie, 256. — Raison, 114, 173, 178, 179, 252. — Reconnaissance, 74. — Religion, 171, 199. — Repentir, 124. — Richesses, 89, 93, 98, 112, 135, 188, 212, 244. — Rougir de soi-même quand on pense à mal faire, 258.

S

Sage, sagesse, 33, 36, 47, 121, 161, 181, 220, 234, 235, 237. — Science, 79. — Serviteurs, comment il faut les traiter, 119. Sincérité, 75. — Simplicité, 273, 282, 331. — Sobriété, 21, 261. — Sociabilité, 207, 298. — Société des bons et des méchans, 43, 50, 96, 98. — Cultiver la société de ceux qui ont de bonnes qualités, 183. — Écouter les gens instruits, 162. — Soins du corps, 167, 236. — Sommeil des méchans, 252.

T

Tempérance, 55, 125, 144. — Tolérance, 209, 296. — Travail, 114.

U

Utile, jamais séparé de l'honnête, 180. — Utilité générale, 232, 247.

V

Valeur, quand elle est une vertu, 276. — Vengeance, 100, 117, 210, 244, 255. — Vertu, 30, 41, 50, 83, 109, 147, 180, 257, 280. — Vêtemens, 262. — Vieillesse, 119. — Volupté, 54, 88, 117, 122, 146.

FIN DE LA TABLE DES MATIÈRES.

www.ingramcontent.com/pod-product-compliance
Lightning Source LLC
Chambersburg PA
CBHW070902170426
43202CB00012B/2163